中华上下五千年

金帆◎编

海峡出版发行集团 | 福建教育出版社
THE STRAITS PUBLISHING & DISTRIBUTING GROUP

图书在版编目（CIP）数据

中华上下五千年/金帆编. 一福州：福建教育出版社，2018.8（2020.11重印）
（何捷主编）
ISBN 978-7-5334-8150-6

Ⅰ.①中… Ⅱ.①金… Ⅲ.①中国历史－青少年读物 Ⅳ.①K209

中国版本图书馆 CIP 数据核字（2018）第 104299 号

主编　何捷

Zhonghua Shangxia Wuqian Nian

中华上下五千年

金帆　编

出版发行　福建教育出版社
（福州市梦山路 27 号　邮编：350025　网址：www.fep.com.cn
编辑部电话：0591-83716736
发行部电话：0591-83721876　87115073　010-62027445）
出 版 人　江金辉
印　　刷　北京一鑫印务有限责任公司
（北京市顺义区北务镇政府西200米 邮编：101300）
开　　本　960 毫米×1280 毫米　1/32
印　　张　8.25
字　　数　163 千字
版　　次　2018 年 8 月第 1 版　2020 年 11月第 2 次印刷
书　　号　ISBN 978-7-5334-8150-6
定　　价　33.00 元

如发现本书印装质量问题，请向本社出版科(电话:0591－83726019)调换。

总 序 | *FOREWORD*

人生那么短，有时间就读经典

每个人成年后，都有一个难以回避的遗憾——童年的时光那样珍贵，而我们却常常无端浪费。

在我看来，童年，就是阅读的大好时光。有一句心里话，与大家分享："儿时正是读书时。"你不得不承认，小时候拥有最自由的阅读时间。虽然说那些让人讨厌的作业整天形影不离缠着你，虽然说学习看起来还真的不是那样简单，但和未来要承担繁重工作的你相比，儿时的你，的确有大把大把的时间可以自由支配。儿时，还是最有精力的时候，只有等到你长大，或者像我一样到了中年，你才会知道什么叫做"牵绊"，什么叫做"分散"，什么叫做"心有余而力不足"。而等你感受到的时候，就是遗憾降临的时候。至今清楚地记得，相对于如今的我而言，小的时候我也曾精力充沛，而不能原谅的是，却看着时间大把大把地从我的生命中流逝。

最重要的是，儿时是最能琢磨出读书趣味的时候。因为小，所以你的无知也显得可爱，所以什么都值得你读一读。儿时的好学就是特质，似乎什么都值得你了解，什么对于你来说都是新鲜的。世界上的一切都在召唤你去探索，去改变。无疑，阅读是最佳的方式。阅读，最经济，最简单，最直接，最有效；不知道的，感兴趣的，都可以通过阅读来获取。

这样看来，读书是不二的选择，这点毋庸置疑了。只是要知道：小的时候读了多少？读了什么？怎么读？这些几乎决定了你未来怎么成长，长得好不好，长成什么样。接下来我们就说说“为什么要读经典”。

很多人对我的童年读书经历很感兴趣。他们从我的课堂上，从我出版的教学专著中，做了很多猜测：课上成这样，书出版得这么多，小的时候，他一定读过不少书吧。不然，怎么这样能写，如此能说？大家猜对了，我小的时候，书的确读得多。不过我读的更多的是大家瞧不上的“小人书”，一共好几个抽屉呢。请不要笑话哦，在我童年的那个年代，能够读几个抽屉小人书，一定是“家境优越”“家风正派”的。我的爸爸是党报的编辑，他非常重视我和姐姐的阅读，因此，他花了很多钱，为我们购买了这些小人书。这在当时，算得上是一种奢侈品。所以，我的童年过得是有滋有味的。记不清具体是哪一年，依稀是四年级吧，有一天妈妈下班回来，带给我几页金庸先生写的《射雕英雄传》的残页。所谓“残页”，就是工厂印刷失败后留下的废纸啦。妈妈在新华印刷厂工作，她为我捡回这些残页，并没有太多想法，只是丢给我，让我随便看看。没想到这一看，我就像着了魔似的，开始如饥似渴地读起金庸的武侠小说来，一本接着一本，根本停不下来，真正是到了可以不吃饭、不睡觉也要看的地步。读了如此有意思的书后，那些小人书就排不上队了。瞧，好的作品有曲折动人的情节，有活生生的有血有肉的人物，有精致诱人的细节，有让人沉醉其间的魅力。后来，小学时的每一个中午，我都是捧着厚厚的金庸小说睡着的。再后来，我还把自己的网名起为“语文老顽童”，你一定明白，这是深深地受到了经典武侠小说的影响。

阅读经典，就像用针在你的灵魂里纹绣美图。

中学时，书读得少了。到了师范学校，我全心全意地修炼教师基本功，读得也不够。做了老师，阅读的缺损就来惩罚我了。课设计得很单薄，言论没有内涵，很浅薄，一切都显得轻飘飘的。这个时候，依然是妈妈告诉我：别慌，可以用读书去改变。于是，在妈妈的鼓励下，我又一次开始阅读。真的有惊喜啊，小时候所有的阅读体验都在重新阅读时顺利复活了。阅读，其实就是一种记忆的唤醒，就是一种微火的吹燃。儿童时代所有的阅读，都构成了我们的阅读历史，构成了我们的生命，都成为我们不断成长的动力。儿时阅读，是至关重要的。

我还欣喜地发现：当老师爱上阅读，学生自然爱上阅读。

教师引导儿童阅读，绝非难事，但不要过于强调，大张旗鼓。一个老师爱读书，所带的班级学生自然也爱读书。所以，起初我主张自由阅读，并不做具体的推荐。孩子读得很随意，他们喜欢那些像“饮料”一样，乍一看很刺激的书。虽然读了，但读得不对，进步自然很慢，甚至言行还出现偏差。读什么书，对人的影响是巨大的。后来，我让他们更多关注经典这一类犹如“粮食”一样的书，情况一下得到了好转。什么是像“粮食”一样的经典呢？首先，这些书并不哗众取宠地讨好你，相反，也许你初读时并不感觉“好在哪里”，甚至还有些“读不懂”，或者是读了，有感觉了，但一切都是恬淡的、舒适的、自然的，只是的确有一种说不清楚的诱惑力，让你舍不得放下。之后，你再读，可能就会品出其中的滋味了。这种感觉让人难忘，简直说是无法磨灭。再后来，你也许会不断主动重复阅读，因为你的身体、心灵都在要求你再读一读，你已经和这些经典的书融合在一起了。经典，已经化为你的血液了。这如同粮食对人的给养，让你慢慢成长。在此之后的一生中，无论遇到什么样的情况，经逢各种各样的事，你的脑海中都会冒出一个形象，一个桥段，一个细节，它们都存活在经典中，都在冥冥中给你力量，给你帮助。这就是经典带来的力量。于是，你做出了一个很有意思的决定——把这本书推荐给身边最亲爱的人。

明白了吧，这就是我今天为什么向你推荐这套经典读物的原因了。我也是被经典打动、滋养的。我怎么能独享？当然要和你一起欣赏。

这套近百部的经典，已经不需要再次罗列书名了。对你来说，它们简直就像老朋友，真有一种“低头不见抬头见”的亲切感。但我相信，这一次你阅读它们，阅读这一套丛书，会有很多新的收获。我接下来和大家说说“如何读才好”。

经典，已经摆在我们面前，该怎么去读呢？答案很简单，三个字——慢慢读。

经典是最值得你花时间去品味，去琢磨，甚至多读几遍的。我敢保证，每一次阅读你都会有不同的发现。我希望，你可以不断进步，让阅读的层次不断提升，越读越会读。比如说，有的人读经典，只喜欢其中叙述的故事。的确，故事很精彩，但光是停留在故事，停留在内容，就等于你开采到了一块宝石，但是你却抚摸包裹在外的石衣，还没有看到真正璀璨的光芒。只读故事，损失了经典十分之九的色彩。有的孩子已经知道读经典是需要手到、眼到、口到、心到的，可以做些笔记、摘抄，做一些批注，还可以写一些随想、感受，等等。长期这样阅读经典，等于同时养成一个习惯，让自己的读写能力完成日积月累的增长。一段时间以后，你的语言也发生了变化，你的文章越发的漂亮，你看问题的角度也变得与众不同，这就叫“腹有诗书气自华”。记住，好习惯是需要日积月累的，坚持就是你永远应该保持的姿态。

必须说明，还有一种小孩非常特别。他们读书时善于思考。每次接触经典，他们都会去思考：到底这样的经典是怎么写成的呢？为什么这些故事会流传到今天呢？为什么至今还有那么多人喜欢呢？

带着探索的心，一边想，一边读，你将层层剥笋，如获至宝。每读一次都将增长读与写的功力，变得能读善写。比如说读了《水浒传》，你会发现每个好汉都有他的绰号，而绰号和好汉的特点是相关的，你开始琢磨作者是怎么去构思并写出这么多各具特色的人物呢，哪些细节让我们留下对人物深刻的印象呢。再比如说你发现《西游记》中有一个故事叫“三打白骨精”，《三国演义》中有个故事叫“三顾茅庐”，还有“三气周瑜”，《水浒传》中有“三打祝家庄”的故事。为什么都是“三”呢？是巧合吗？难道真是发生了三次吗？读得多了，你会发现这也许就是一种创作的手法吧。再往下读，你又会看到许许多多的作品中居然都有这个神秘的“三”的存在，慢慢地你就会用“三”的结构来写自己的故事。看，你不就又成长了吗？

阅读了这套书，接触过近百部经典之后，你会非常欢喜，因为收获满满，实实在在。这时候，我希望你把这些经典推荐给自己的小伙伴，或者，直接跟同伴讲这些经典故事吧。经典本身就需要被口耳相传，经典本身就可以通过一次又一次的接力传承下去。你甚至会发现，身边处处都是这些经典的影子。例如，有的经典被拍成电影，有的经典化为一个个细小的话题，有的值得进行专项的研究性学习、主题研究，等等。读经典，让整个人都变了。读经典的妙用就在于“陶冶性灵，变化气质”。

童年正在流逝，还等什么？赶紧读经典吧！

2017年10月

目 录 | CONTENTS

春秋战国

秦朝

汉朝

三国

魏晋南北朝

隋朝

唐朝

宋朝

元朝

明朝

清朝

《中华上下五千年》导读方案

一、 积累历史知识，熟悉中国历史

中华上下五千年，历史悠长，朝代更迭，历史事件浩繁，人物众多。通过阅读这本书，我们可以了解中国历史，了解每个朝代的历史、文化、艺术与科学的发展，全面掌握时代概况。比如唐朝：

唐代的历史事件：李渊建唐，贞观之治，则天称帝，开元盛世，安史之乱。

唐朝之最：

1. 最灿烂的文学成就——唐诗；
2. 最出色的书法成就——颜真卿、柳公权；
3. 最辉煌的绘画成就——吴道子；
4. 最狂放的诗人——“诗仙”李白；
5. 最伟大的和尚——玄奘。

二、掌握文化常识，了解中国文化

经过漫长的历史年代，中华民族形成了独特的东方文化。这些文化内容丰富，种类繁多，衣食住行，无所不包。通过这本书，我们可以了解这些文化的来龙去脉，丰富人文知识。比如饮食文化：

馒头的来历：三国时期，蜀国南部少数民族的首领孟获经常带人进扰蜀国，于是诸葛亮带兵征伐，平息战乱后，班师回国行至泸水一带，只见江中浪涛汹涌，水流湍急，不能渡江。当地人告诉诸葛亮，必须用人头祭祀泸水河神才能渡过。诸葛亮不想杀人，但需要渡河，于是他吩咐下人用军中带的面粉和成面，内裹牛羊豕肉，捏成人头的模样蒸熟，用来代替真的人头，起名叫作“馒头”。当天夜里，诸葛亮亲自在泸水岸边祭祀。次日他们就安然渡过泸水。从此，馒头被人们传为美谈并广为流传。

三、感知历史人物事件，积累写作素材

在历史的天空中，众多杰出的人物如闪烁的群星，他们可歌可泣的事迹鼓舞、激励着无数的后来人。也有一些人，在历史上留下了不光彩的足迹，臭名昭著，成为后人批判的对象，对人们起到警示作用。比如：

文天祥：“人生自古谁无死，留取丹心照汗青。”古往今来，人难免一死，为拯救祖国而死，舍生取义，一片丹心将垂于史册，映照千古。这激昂慷慨的两句诗，表明了诗人舍生取义的决心，充分体现了文天祥的气节。

魏忠贤：把持朝政，自称“九千岁”，朝廷上下“只知有忠贤，而不知有皇上”。他残酷镇压伸张正义的东林党人，拆毁书院，在全国大造生祠。明思宗即位后，魏忠贤被罢黜官职，不久后畏罪自缢。他罪有应得，千百年来为人们所不齿。

远古时期

一、十分钟了解远古时期

世界各地各民族对天、地的出现及人类的产生，有各种不同的说法。在中国，有关盘古开天辟地和女娲造人一类的传说流传已久。虽然随着科学的发展，人们逐渐认识到人是生物进化的产物，这些神话传说基本上是虚构的，但是古文献中记载的神农氏种植五谷、黄帝的妻子嫘祖发明养蚕织丝技术、黄帝手下的大臣仓颉创造文字等内容，说明传说并不完全是虚构的，它们包含了不少历史的影子。这些记载和考古发现还说明中华文明确实是源远流长的。

二、远古之最

1. 最古老的地理著作

它虽仅有三万余字，内容却涵盖天文、地理、神话、宗教，民族、动物、植物、矿产等，天南海北，无所不包。它奇诡怪异，常被人斥为荒诞不经，直到汉武帝时才被公之于众，但实际上它是研究上古时代绝好的资料。由于年代久远，它的作者虽经后人努力研究,却至今不明。它就是我国最早的地理著作——《山海经》。

2. 最早的医生

他天生肚子晶亮透明，心肝肠肺全都能看得一清二楚。他不忍心看老百姓误食有毒的野草或野果而死，于是不辞劳苦走遍万水千山，亲自品尝各种野草和野果，从中发现了许多可以治病的药材。他是传说中农业和医药的发明者神农氏。

三、故事精选

盘古开天地

故事导航

天地是怎样形成的？人类是从哪里来的？这些问题，今天都已有了科学的答案。然而，这些“谜”在被解开之前，几千年来只能靠荒诞离奇的神话故事来回答。这些神话故事是人类祖先对自然现象和社会生活的天真解释，反映了他们美好的幻想和征服自然的愿望。

天地是怎样形成的？人类是从哪里来的？……这些“谜”在被解开之前，几千年来只能靠神话故事来回答。

传说在遥远的古代，天地还没有形成，宇宙是混混沌沌的一团气，既不分上下左右，也没有东西南北，没有光，也没有声音，犹如一颗浑圆的鸡蛋。

人类始祖盘古氏在这个浑圆的东西中间孕育了一万八千年，终于像鸡蛋孵化出小鸡一样，破壳而出。

出生后的盘古氏挥舞起一把神斧，把这一团混沌之气劈成两部分：一部分清而轻的气往上升，一天能升一丈，天长日久，就形成了天；一部分浊而重的物质往下沉，一天能沉一丈，天长日久，就形成了地。而盘古氏一天也长高一丈。

就这样，又过了一万八千年，天升得很高很高，地变得很厚很厚，盘古氏也长成了顶天立地的巨人。

盘古氏成为巨人之后，有了喜怒哀乐的表情，而天地也随着他的情绪变化而变化。盘古氏高兴的时候，天空就很晴朗；当他发怒的时候，天空就变得阴沉起来；当他哭泣的时候，天空就下起雨来；当他呼吸的时候，大地上就刮起一阵阵大风；当他睡着的时候，发出的鼾声就是轰鸣的雷声。

也不知多少年过去了，这位伟大的巨人死了。

他躺在大地上，头东脚西，他的头化为东岳泰山，脚化为西岳华山，左臂化为南岳衡山，右臂化为北岳恒山，肚子化为中岳嵩山，他的左眼化成了太阳，右眼化成了月亮，他身体的其他部分化成了星星、江河、草木、道路……

·读一读　查一查·

泰山

泰山又名岱山、岱宗、东岳、泰岳，位于山东省中部，绵延起伏于济南、泰安之间。主峰玉皇顶海拔1532.7米，气势雄伟磅礴，有“五岳之首”“五岳之长”“天下第一山”之称。泰山风景壮丽：重叠的山势，厚重的形体，苍松巨石的烘托，云烟的变化，使它在雄浑中兼有明丽，静穆中透着神奇。

·读一读　悟一悟·

山川河流、花草树木都是盘古的身体变的，我们可以从中体会到盘古的伟大：他不但为我们开辟了天地，死后还为我们做出了贡献。

女娲补天

故事导航

盘古开天地的故事，是远古的人们利用自己的想象解释了天与地以及万世间万物的由来，那么作为万物之灵的人类又是从何而来的呢？于是就有了女娲造人、补天的故事。

盘古开辟了天地，用身躯造出日月星辰、山川草木等。那残留在天地间的浊气慢慢化作虫鱼鸟兽，为这死寂的世界增添了生气。在盘古死去之后，天地间空荡荡的，一片沉寂，再也听不见巨人的欢笑声和坎坎的伐木声。

不知多少年过去了，这天地间又出现了一个女神，后人叫她女娲（wā）氏。她与伏羲是兄妹，人首蛇身。她神通广大，化生万物，每天至少能创造出七十样东西。传说女娲在正月初一创造出鸡，初二创造狗，初三创造猪，初四创造羊，初五创造牛，初六创造马。

在初七的那一天，女娲独自行走在原野上，她看着周围的景象，内心深处感到非常孤独。她觉得在这天地之间，应该添一点什么东西进去，让其生气蓬勃起来才好。她忽然想到，世间各种各样的生物都有了，唯独没有像自己一样的生物，那为什么不创造一种像自己一样的生物加入世间呢？于是，女娲先用黄土掺和了水，在手里揉捏成一个娃娃模样的小东西，放到地面时，泥捏的小家伙便活了起来，并且一开口就喊："妈妈！"接着就是一阵兴高采烈的跳跃和欢呼，表示他对于生命的欢乐。

女娲看着自己亲手创造的这个聪明美丽的生物，又听见"妈妈"的喊声，不由得乐在心头，喜上眉梢。她给自己创造的这可爱的小东西取了一个名字，叫作"人"。女娲对自己的作品感到十分满意。从此，她再也不感到孤独和寂寞了。女娲为了使人类一代一代延续下去，让他们生儿育女，自己创造后代。女娲还替人类建立了婚姻制度，使男人和女人成双成对，算是人类最早的媒人，所以后世的人将女娲奉为媒神，即婚姻之神。另外，女娲还创造了笙簧等中国传统乐器。从此，人类便在美丽的大地上幸福快乐地生活、劳作着。

突然有一天，一直支撑着天宇的四根柱子出了毛病，蓝蓝的天空出现了破损，宽阔的大地出现了裂陷，山间发起了滚滚洪水，森林燃起了熊熊烈火，旷野里到处是飞鸟野兽，整个世界面临着一场毁灭性的灾难。女娲目睹人类遭到如此奇祸，感到无比痛苦，于是决定补天，以终止这场灾难。她选用各种各样的五色石，架起火将它们熔化成浆，用这种石浆将天上的窟窿填好；随后又斩下一只大龟的四条腿当作四根柱子，把倒塌的半边天支起来。

女娲还擒杀了残害人类的黑龙，刹住了龙蛇的嚣张气焰。最后为了使洪水不再漫流，女娲还收集了大量芦草，把它们烧成灰，用来堵塞向四处散开的洪流。

经过女娲的一番辛劳整治，天总算补上了，水止住了，龙蛇猛兽敛迹了，人类又重新过上安乐的生活。但是这场特大的灾祸还是留下了痕迹：天有些向西北倾斜，因此太阳、月亮和众星辰都很自然地归向西方；地向东南倾斜，所以一切江河都往那里汇流。有时候天空中会出现彩虹，那就是女娲补天所用五色石发出的彩光。

·读一读　查一查·

伏羲

伏羲，中华民族人文始祖，是我国古籍中记载的最早的王，所处时代约为旧石器时代中晚期。他根据天地万物的变化，发明创造了八卦，成了中国古文字的发端，也结束了“结绳记事”的历史。他又结绳为网，用来捕鸟打猎，并教会了人们渔猎的方法，还创作了《驾辩》等曲子。他的活动，标志着中华文明的起始，历史上也留下了大量关于伏羲的神话传说。

·读一读　悟一悟·

天塌陷后，女娲不忍心自己创造的人类在洪水中受苦，于是用五色石来补天。通过她艰苦的劳动，天上和地下又太平了，女娲就像母亲一样无私与伟大。

神农氏尝百草

故事导航

大地上有了人类，有了万物，那么人类在荒凉的远古时期如何生存呢？他们的食物与我们今天的一样吗？他们如何种植庄稼？他们生病了怎么办呢？神农氏作为人类的祖先之一，发明了医术，教会人们种植庄稼，为人类做出了巨大的贡献。

远古的时候，人们靠采食野果为生。由于对各种植物的特性不了解，人们不知道哪些能吃，哪些不能吃，如果误食一些有毒的果子就会得病，甚至中毒死去，生活得十分艰辛。这时出现了一个勇敢能干的神农氏，他的肚子光亮透明，心肝肠肺都能看得一清二楚。神农氏很想为人们做些事，决心尝遍所有能吃的东西，看看它们在自己肚子里的变化。于是他不辞劳苦，走过很多地方，亲自品尝各种野草和野果，有甜的，也有苦的，有些甚至是有毒的。他不但发现了许多可以吃的食物，还发现了许多可以治病的药材。同时他又发现，有些果实落在地里，竟然在第二年生出苗来，到了秋天，又长出了更多的果实。神农氏把这个发现告诉了人们，他们用木头制造一种耕地的农具，叫作耒（lěi）耜（sì）。用耒耜来耕地，种植五谷，收获更大了。人们为了感谢神农氏，就尊奉他为首领。

传说中的神农氏不但是农业之神，还是太阳神，是一个对中华民族有着颇多贡献的传奇人物。传说他除了发明农耕技术外，还发明了医术，制定了历法，开创了九井相连的水利灌溉技术等。

·读一读　查一查·

“五谷”指什么?

《现代汉语词典》解释为：通常指稻、黍、稷、麦、豆。这不过是约定俗成的说法罢了。古代对“五谷”说法不一，譬如汉代的“五谷”指粟、豆、麻、麦、稻；元代则规定为禾（稻）、麻、菽、麦、豆。翻阅古书，便可发现，时代愈久远，谷的外延愈广，还有所谓“六谷”“九谷”“百谷”等说法。

·读一读　悟一悟·

神农氏为了让人们吃到安全的食物，不辞辛苦走遍很多地方，冒着中毒的危险尝遍百草，他为了人类不惜冒险的精神很让人敬佩。

尧舜禅让

故事导航

远古的时候没有选举制，也没有世袭制，部落首领到了一定的年龄就把首领的位子让给有本领的人。黄帝之后尧舜就施行了这样的制度，为部落选出了优秀的继承者。

传说在黄帝之后，有三位非常出色的部落联盟首领，他们是尧、舜、禹。尧在担任部落联盟首领时，待人和气，兢兢业业，总是努力为百姓服务。一年年过去了，尧渐渐老了，他想把部落联盟首领的位子让给有德之人。

一天，他召集群臣，向大家说出了自己的想法：自己如今已经年老，事事力不从心，大家应该尽快推举一个贤明而又年轻的人来接替首领的职位。

一个叫放齐的大臣建议让尧的儿子丹朱来接替。但是，尧果断地拒绝了。因为他非常了解自己的儿子，丹朱不仅为人暴虐，而且一向不务正业。比如洪水泛滥时，举国上下无人不发愁，可是丹朱却对此无动于衷，甚至以水中泛舟为乐趣，整日乘船东游西荡。

一个叫驩兜的人又推荐了共工。尧觉得共工也不符合一个君王的要求。这时，大家更加惶恐不安，觉得自己的德行更加鄙陋，恐怕自己推荐的人都不能胜任。

尧说："我选人，不在乎他是不是我的亲信、亲戚，不在乎他的出身，而要看他是不是仁慈，是不是有真才实学。要是有这样的人，不论他出身多么卑贱，我都可以任用他。"

众人一听，茅塞顿开，立刻有人推荐了虞舜。虞舜是个实实在在的贫民，出身低贱，三十多岁了，还没有结婚。但他勤劳、智慧，很孝敬父母，深孚众望。舜的生母死得早，父亲又是个失明之人，家里的事全靠他撑持。他以种田捕鱼为生，养活父亲、后母和幼弟，很是艰难。但他深明大义，诚恳，简朴，善良，懂礼仪，是一个不可多得的人才。

大家说的是不是真的呢？舜究竟能不能即位呢？尧决定亲自派人去考察虞舜。经过反复思考，尧决定把自己的两个女儿——娥皇和女英嫁给舜，以考验他的治家能力。同时，他还让自己九个不成器的儿子和舜一起生活，以考验他的教化才能。

舜并不知道尧打算把首领之位让给他的想法，成亲后，他像对待一般媳妇一样，不因娥皇和女英出身高贵而屈从于她们，仍然叫她们纺织，要她们孝敬公婆，尽儿媳的责任。

舜的后母心胸狭窄，生了个傲慢无礼的儿子，叫象。因后母常常在丈夫面前说舜的坏话，所以父亲也不喜欢舜。

不久，尧的两个女儿便向父亲报告说："舜能恪尽孝道，尊敬父母，对后母照顾体贴，无微不至，而对于弟弟，他也能宽大为怀。"

尧的九个儿子也来报告说："父王，舜简直就是一个大圣人，他对人总是非常诚恳、谦让，别人家的地和舜家相连的，他总是能让出田界，乡亲们都愿意和他在一起干活。他和许多乡亲在一起捕鱼时，也总是把大的鱼让给人家。他制的陶器总是精益求精，从来没有一件是粗制滥造的。"

尧知道了这一切之后，大喜过望，就奖赏给舜一座粮仓，分给他很多粮食和牛羊。象见舜得到那么多好东西，非常嫉妒，就与父母一起商量，想害死舜，侵吞他的财产。

有一次，舜的父亲瞽叟叫舜去修补粮仓的仓顶。当舜踩着梯子爬上仓顶时，瞽叟竟然把梯子撤了，还在下面放了一把火，想把这个儿子活活烧死。幸亏舜戴了两顶遮太阳用的斗笠，他一只手拿着一顶斗笠，飞快地跳了下来。舜平安地落在地上，一点事都没有。

瞽叟一计不成，又生一计。几天之后他又派舜去挖井，等到舜挖得很深时，就用泥土、石块将井填平。可是舜早就料到父亲可能暗害他，就在井底挖了一条斜道，在父亲、弟弟忙着填井时，他从斜道挖开一个出口，逃出去了。象以为舜这一次肯定难逃一死，就想去霸占两位嫂嫂。他跑到舜的房间，拿起一把瑶琴高高兴兴地弹奏起来。正在这时，舜回来了。象大吃一惊，只得找了个借口溜了。可贵的是舜还是原谅了瞽叟和象。

尧听说了这些事，对舜更加放心了。不久，尧召见了舜，决定让他代行政事。

舜代行政事以后，首先祈告上天，遥祭名山大川和四方神灵，又召见各部首领，重新颁赐信物。之后，他又驾车巡视各地，协调和订正四季的月数和日数，统一音律和度量衡，实施吉、凶、军、宾、嘉五种礼制，把全国划分为十二个州，还制定了刑法。

虽然四处巡视，但是舜仍担心办事有遗漏，治理国家有过失，于是就效仿尧设立“敢谏之鼓”，在门前设立“诽谤之木”，希望百姓提出意见或建议。

舜代行政事期间，政绩辉煌。尧已将近百岁，经过反复观察，他深信舜完全可以治理好国家，让人民安居乐业。尧死后，舜继位。

这就是历史上著名的尧舜禅让的故事。这种在位者自愿让位给贤能之人的形式，被人们称为“禅让”。

·读一读　查一查·

禅让制

禅让制，中国上古时代统治者权力更迭的一种方式，指在位君主生前便将统治权让给他人。形式上，禅让是在位君主自愿进行的，是为了让更贤能的人统治国家。通常，禅让时将权力让给异姓，称为“外禅”；而让给自己的同姓血亲，则被称为“内禅”。

·读一读　悟一悟·

虽然舜的父母兄弟都对他不好，甚至为了钱财想害死他，但是舜并没有责怪他们，反而对他们一直和和气气，他的宽容与大度值得我们学习。

·小小资料库·

远古人类北京人用什么方法取火?

同学们，我们现在取火可以用火柴、打火机，那么远古人类怎么取火呢？北京人使用的是天然火。雷劈树木，森林火灾，北京人能够使用并保存这些天然火火种。那么，北京人是如何保存火种的呢？据分析，原始人保存火种一般采用篝火法：使用时不断往火堆中投放木头；不用时用灰土盖住火，使其阴燃，再用时扒开灰土，添草木引燃。北京人利用火照明、取暖、烤熟食物、驱赶野兽，改善了生活条件。

夏商周

一、十分钟了解夏商周

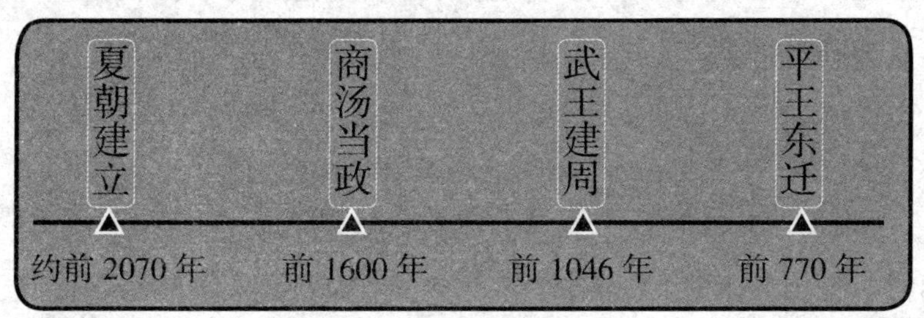

约公元前2070年至公元前1600年，是中国第一个王朝——夏王朝时期。夏朝的建立标志着中国原始社会基本结束，延续近两千年的阶级社会从此开始。夏朝总共传13代、16个王，延续近500年。商朝是继夏朝之后，中国历史上第二个世袭制王朝。自商汤至商纣王，共传17代、30个王，延续近600年。西周从周武王灭商建国，到周幽王失国，绵延近300年。夏商周时期创造的文明对后世历史的发展有着深远的影响。

1. 大禹当政

夏禹治水有功，被禅位为首领。禹即位后，使三苗等少数民族臣服，解除了远古时代的严重边患，功业甚大，因此得到“大禹”的尊称。他一再会合诸侯，并将中国分为九州。

2. 商汤当政

公元前 1600 年，商汤灭夏建立了商朝。商汤立国后，吸取夏代灭亡的深刻教训，废除了夏桀时残酷压迫人民的暴政，采用了“宽以治民”的政策，使商朝国内的矛盾得以缓和，政治局面趋于稳定，国力也日益强盛起来。他对四方的许多部落进行了征伐，取得了一系列胜利。

3. 纣王自焚

商纣王不听忠谏，一味追求骄奢淫逸的生活，激化了国内矛盾。同时，他穷兵黩武，调集大军征伐东部少数民族，加重了民众的负担，也使国内兵力空虚。当周武王的大军打到牧野，商纣王才组织力量，仓促应战。结果，商王的军队毫无斗志，“前徒倒戈”，为武王的军队开道。纣王看到大势已去，逃到鹿台自焚而死。商王朝就此灭亡。

4. 武王建周

商朝末年，周王族逐渐发展成一个新兴的西部势力。商纣王不思进取，人民怨声载道。武王以姜尚为师，周公旦为辅，在孟津召集八百诸侯会师盟誓。周武王联合各方诸侯国，挥师东向，于公元前1046年在牧野打败商朝的军队，史称“武王伐纣”，从而建立了中国历史上最长的一个朝代——周。

5. 平王东迁

周幽王奢侈腐化，贪得无厌。为了博得宠妃褒姒一笑，幽王举烽火欺骗诸侯前来勤王。幽王的儿子平王宜臼即位时，关中遭受兵火洗劫，残破不堪，犬戎又不时前来骚扰。周平王只得将都城迁到洛邑，史称“平王东迁”，东周开始。

二、夏商周之最

1. 最高的建筑

桀是历史上一个著名的暴君，有施国为了保住城池，献给他一个名为妹喜的美女。自此之后，桀整天和她在一起，对她百般宠爱，并招来国内最优秀的工匠，为她建造一座宫殿。这座宫殿是当时夏都城最高的建筑，高耸入云，似乎要倒下了，人们就给它起了个名字叫倾宫。倾宫的内部装潢也华丽无比。他就在这样的地方和妹喜嬉戏游乐，欣赏歌舞，大臣们要进宫报告事情，一律被挡在宫外。

2. 最早的贤相

伊尹是我国历史上第一个有名的贤相。伊尹自幼聪明颖慧，勤学上进，虽耕于有莘国之野，却乐于尧舜之道；既掌握了烹调技术，又深懂治国之道；既做奴隶主贵族的厨师，又做贵族子弟的“师仆”。他为商朝理政安民五十余载，治国有方，世称贤相，是商的三代元老。

3. 最高洁的隐士

伯夷、叔齐是商末孤竹君的两个儿子。相传其父遗命要立叔齐为继承人。孤竹君死后，叔齐让位给伯夷，伯夷不受，叔齐也不愿即位，兄弟俩一起投奔西伯侯。谁知到达时西伯侯已去世，适逢武王伐纣，二人认为这是不仁义的行为，所以拦马劝谏。武王灭商后，他们以食周粟为耻，宁愿隐居在首阳山上采薇而食，最后饿死于此。他们高尚的节操为后世所敬仰，声名甚至远播日本等国。

三、故事精选

第一个奴隶制王朝

故事导航

禹担任部落联盟首领后，随着社会发展，贫富分化，禹的权力越来越大，后来他又废除禅让制，传位给儿子启，建立了第一个奴隶制王朝，这就是夏。

禹担任部落联盟首领后，进一步发展农业生产。相传禹曾带着生产工具参加水利工程建设。当时农业生产技术有了很大进步，出现了许多发明创造。传说伯益发明了凿井技术，奚仲发明了车，仪狄首创用粮食酿酒的方法。这些发明创造又促进了农业的发展。

在禹统治时期，随着生产力的发展，产品有了剩余，人们学会了酿酒和冶铜，也开始了商品交换，社会上渐渐地产生了贫富分化，同时也出现了犯罪。这令禹感到很痛心，他认为这是自己治理不善造成的，于是指示地方官吏对百姓加强教化，避免犯罪的发生。

为掠夺财富和奴隶，禹即位后不久，不与其他任何首领商议，便发号施令，调动人马对南方三苗人民发动战争。禹的地位越来越高，他的权力也越来越大。

一次，禹召集各部落首领举行涂山会盟。大会间，用各部落献出的铜铸成象征九州的九个大鼎，并运回宫中，称为镇国之宝，各部落首领在觐见时还要对九鼎进行膜拜。九鼎显然成了权力的象征。

涂山大会之后，禹又召集各部落首领举行茅山会盟。大会开始后，防风氏的首领才慢腾腾地步入会场。禹十分恼火，当即派人将防风氏首领斩首。

其他部落首领均吓出一身冷汗，从此对禹俯首帖耳，唯命是从。此时的禹不仅仅是部落首领，实际上已是拥有生杀大权的王了。

禹越来越老，按惯例该选继承人了。大家一致推荐掌管刑法的皋陶（yáo），可是不久皋陶病死了，大家又推举当年同禹一起治水的伯益。伯益在治水期间吃苦耐劳，献计献策，在百姓中的威望很高。但此时的禹已存有私心，很想让自己的儿子启做继承人。可先人传下的规矩不好破坏，怎么办呢？想来想去，他决定给伯益一个虚名，把实权交给儿子启。久而久之，启在百姓心中渐渐有了威望。

禹死了，伯益为他举行了葬礼。当年禹为舜举行葬礼后，曾将继承人的位置让给舜的儿子，但没被接受。这次，伯益效仿禹的样子，假意将王位让给禹的儿子启。谁知启并没客气，竟堂而皇之地接受了，并登上了王位。

伯益正在等启来请他即位，未料美梦化成泡影，不禁恼羞成怒，率部攻打启。启早有防备，从容应战，将伯益杀死。

启这种有违祖规的做法引起了有扈氏的不满，有扈氏联合其他部落攻打启，同样惨遭失败。伯益和有扈氏的失利，使其他部落首领都臣服于启了，不敢再有反叛的念头。

启的地位得到了进一步巩固，他成了一个名副其实的王，史称启的即位为“夏禹传子”。中国历史上第一个奴隶制王朝——夏朝建立了。中国自此从原始社会进入了奴隶社会。

当了帝王的启（又称为“夏启”）将权力使用得淋漓尽致。他大兴土木，修建王宫。在王宫中，他听音乐，赏歌舞，过着令人羡慕的神仙般的生活。

他在享受的同时，没有忘记学父亲禹的样子召开首领大会。他把地点定在钧台，让众首领聚集在他的脚下，其威风之显赫是以往历代首领无法比拟的。

在宫中待腻了，夏启就带着王公大臣，驾着车浩浩荡荡去各地巡游。当年尧、舜、禹巡游四方是为了了解民间疾苦，真正为百姓做事。而夏启的巡游却给百姓带来了无尽的苦难。

他在所到之处恣意玩乐，尽情搜刮，使百姓苦不堪言。夏启常年不理朝政，渐渐引起众人不满，各地时有叛乱发生。夏王朝统治集团内部也爆发了夏启的五子争夺王位的斗争，其中以小儿子武观的行为最为激烈。夏启派大将彭伯寿统兵平叛，叛乱虽被镇压下去，夏王朝却因此元气大伤，其统治力量遭到严重削弱。

九年后，夏启死于重病，将一个摇摇欲坠的王朝交给了长子太康。太康的劣性较其父亲有过之而无不及。他全然不把国事放在心上，整日领着几个大臣到森林中打猎。一天太康又去打猎，不知不觉越走越远，猎兴也越来越浓。他在外面待了很久才想起回宫，但为时已晚，都城早已被有穷国的国君后羿占领了。

后羿是个神箭手。相传尧帝时，天上同时出现十个太阳，河流干涸，大地裂开，草木干枯，百姓的性命危在旦夕。他射落九日，拯救了百姓与万物。

太康见大权被夺，才想起是自己多年荒废国事所致，已追悔莫及。他想与后羿抗衡，又有心乏力，只好差人求后羿给他一个容身之处，遭到后羿拒绝。太康无奈只得返回昔日打猎的森林之中。此时的他已毫无打猎的兴致，在懊悔与沮丧中过起了食不果腹、衣不蔽体的流亡生活，最后死在了荒郊野岭，史称“太康失国”。

·读一读　查一查·

九州的来历

九州是中国的代称，这是众所周知的，但是能够将九州以及九鼎的来历说个端详的人却为数不多。据《春秋左氏传》记载，禹划分天下为九州，令九州州牧贡献青铜，铸造九鼎，将全国九州的名山大川、奇异之物镌刻于九鼎之身，以一鼎象征一州，并将九鼎集中于都城。这样，九州就成为中国的代名词。九鼎成了王权至高无上、国家统一昌盛的象征。

·读一读　悟一悟·

启建立夏朝后，大兴土木，到各地巡游，不顾老百姓死活，他的儿子太康也是如此，这就为夏朝的灭亡埋下了祸根。

商汤灭夏

故事导航

太康之后，夏朝的国君一代比一代昏庸，最后的国君桀更是酒池肉林，置老百姓生死于不顾。贤能的汤趁势积聚力量，最后打败了桀，建立了商朝。

太康以后，夏朝的江山的确稳固了一段时间，但是好景不长。孔甲当王的时候，荒淫无度，还特别迷信，致使诸侯大都不听从朝廷的号令。孔甲之后，政治日益腐败，内乱不止，国势日衰。

就这样，夏朝的江山勉强延续了一段时间，到了夏朝第十七个王履癸的时候，江山已经摇摇欲坠。这履癸就是夏朝的最后一个国君桀。

桀是历史上一个有名的暴君，他为人粗野无比，而且力大超人、胸无点墨。当上夏朝的君王后，桀整天不思国家大事，而是想着自己怎样享乐。他派了许多大臣在全国选来美女供他享用，诸侯们也摸透了这位大王的习性。

有一次，桀攻打有施国。眼看着有施国的城池就要丢了，这时，有施国将国中最漂亮的女子妹喜献给桀。桀一看妹喜，当即退兵。有施国因一女子而得以保全。

桀别出心裁，在倾宫的边上挖了一条河，河里注满了酒，他把这条河叫作酒池，在酒池旁边还垒了一座完全用肉堆积而成的山。

桀的荒淫无度，让忠臣贤士寒心。大臣关龙逢规劝桀应以国事为重，桀竟将他赶走，不久便将他杀了。而奸臣干莘、赵梁投桀所好，为他尽情享乐出谋划策。

桀丝毫不管百姓的死活，老百姓都生活在水深火热之中。无数的财富都填进了这个暴君的欲望之口，而这个暴君视杀人如儿戏，老百姓是敢怒而不敢言。因为桀把自己比作太阳，人民实在无路可走，有的对着太阳指桑骂槐道："你这个可恶的太阳什么时候完蛋哪？"

正当夏朝日益腐败、气势日渐削弱之时，在黄河下游，有一个诸侯国渐渐地发展起来了，这就是商。商的国王叫汤，汤贤良无比，他以仁义治国，以礼待人，百姓都说遇到了一个明君，周围的诸侯国也都和他相处和睦。

汤的势力日益强大，同时，他加紧以仁德宽厚的政策收揽人心。一天，汤到国都郊外游历，忽然看见一个人四面张着网，跪在地下祈祷说："天上和地下的猎物，都快快进我的网。"汤听后走到那人的面前，说："你的意思不就是一网打尽吗？"那人点头称是，于是汤就命令他撤去三面网，让他重新祈祷："想往左的，就往左；想往右的，就往右；不听从命令的，才进入我的网。"汤与张网的人的故事很快传开了，人们知道汤对飞禽这么仁慈，都称赞他是有德行的国君。

桀知道有一个诸侯王居然比自己贤良，而且大多数诸侯都听他的，有些害怕了，就令人将汤抓来，囚禁在夏台（今河南禹州南）。汤的大臣伊尹见商国无君，心急如焚，就生了一计，派人在国内广搜财宝，挑选美女，并派了一个巧舌如簧的使者到夏都去。

那使者到了夏都，用许多金银财宝买通了桀的一个亲信赵梁。赵梁一见到这些财宝，马上就动心了，答应引见。第二天赵梁带着这个使者来到桀的面前，向他献上一队美女，外加许多金银财宝，于是桀就把汤给放了。

汤一回到自己的领地，就着手准备灭夏。他训练军队，准备粮草，打通各个诸侯国的关节，尽力形成一种共同讨伐桀的态势。但是当时有一个叫葛国的诸侯国不听汤的建议，而且明显要跟汤作对，所以汤就选择了这个小国先下手。两军刚一交锋，葛国就被打败了。汤又先后灭了韦、顾等小国，又灭了较强大的昆吾国。这时汤的国力就更加强大了，具备了和夏分庭抗礼的能力。

在讨伐桀之前，伊尹给汤献上一计，要汤不要向夏进贡，看看桀到底会做何反应。这一年，汤没有像往年那样向夏进贡物品，桀知道此事后，以为汤要造反，马上派兵攻打汤。这正给早就准备灭夏的商汤提供了机会。

汤见桀已完全陷于孤立，立即动员自己的所有力量讨伐桀。出兵前，汤举行了誓师大会，并作了一篇《汤誓》，在大会上宣读，汤说：“众兵士，我率你们去攻打夏桀，我不是发动兵乱，而是因为夏桀的罪太多了，现在上天命令我去惩罚他！”在众人的一片欢呼声中，汤统率大军浩浩荡荡地向夏都开去。汤的大军攻势凶猛，势如破竹，直逼夏朝国都。

汤和桀的军队在鸣条（今河南封丘以东；一说今山西运城安邑北）相遇，夏桀大败。桀带着妺喜和金银财宝一起向南方逃去。汤乘胜攻打了偏向夏的一个小国，大获全胜。

桀带领人马一直逃到南巢（今安徽巢湖西南）。汤的大军也追到那里，最后将桀生擒。汤并没有杀桀，而是把他囚禁在南巢，桀不到三年就死在这个地方。

夏朝自大禹传子、夏启废禅让登上王位，至夏桀败亡，其间历经十四代，近五百年，最终在尖锐的内外矛盾中灭亡。

汤在消灭了夏桀，推翻了夏朝统治之后，建立了商王朝，定都于亳。中国从此进入商王朝统治时期。

·读一读　查一查·

伊尹

相传伊尹生于伊水边，成年后流落到有莘氏，以耕地为生，地位虽卑，但心忧天下。他见有莘氏国君有贤德，想劝说他起兵灭夏。

后来他发现，有莘氏与夏同姓，况且有莘氏国小力弱，不足以担当灭夏的重任，遂决定投奔汤。他背负鼎俎为汤烹炊，以烹调、五味为引子，分析天下大势与为政之道，劝汤承担灭夏大任。汤由此方知伊尹有经天纬地之才，便免其奴隶身份，封为宰相，使其成为最高执政大臣。

·读一读　悟一悟·

夏桀和他的父辈一样花天酒地，不思进取，最后众叛亲离，终于被商汤所灭，这就是古人所说的“得道多助，失道寡助”。

·小小资料库·

商朝划分社会阶层的方法

商朝是继夏朝之后，依据社会成员占有财富的多少而将他们划分等级的又一个朝代。在商朝，阶级的界线更加明显，各阶级在社会中所处的地位亦更加制度化。王室贵族是财富的主要占有者，是居于统治地位的社会阶层。而一无所有的奴隶则处于社会最底层，他们不享有任何权利，而且经常被统治者任意屠杀以供祭祀和殉葬之用。平民在理论上有人身自由，并占有一定的财富，但实际上，他们要承担劳役、贡赋，为王室、贵族服务，其中大部分人也只能在贫困中艰难生存。

伯夷、叔齐饿死首阳山

故事导航

商朝末年，商纣王昏庸无道，周武王讨伐商纣王，孤竹国的伯夷和叔齐认为这是不仁义的，发誓不吃周朝的粮食，最终饿死在首阳山上，成为坚贞君子的代表。

商朝末年，河北卢龙东南一带为孤竹国。孤竹国国君一共生了三个儿子，其中，大儿子叫伯夷，三儿子叫叔齐。

叔齐从小聪明好学，孤竹国国君特别喜欢他，一直想立他为继承人。当孤竹国国君年老病重的时候，大儿子伯夷不愿兄弟之间争夺王位，便借口为父亲上山挖草药，离开了王宫，再也没回来。孤竹国国君死了，伯夷还是没回来，这时，两个弟弟才知道哥哥是有意外出，为了成全父亲的旨意，将王位让给叔齐。可是，叔齐见哥哥如此，心里非常不安，趁王宫里的人不注意，他也逃出去了，所以只好由老二来继承王位。

叔齐逃出了王宫，他四下打听伯夷的下落，历尽千辛万苦，终于在深山隐蔽处找到了伯夷。他劝说伯夷回去继承王位，可是伯夷始终不肯，反过来劝叔齐回去。叔齐无奈，只好对伯夷说：

“咱俩出走已多日了，现在二哥一定当上了国君，我们还是都不要回去吧，免得让二哥为难。”于是，兄弟俩一商量，决定投奔西伯侯姬昌（周文王）。

然而到达之后，发现姬昌已经去世，伯夷、叔齐得知武王伐纣，就不顾一切加以劝阻，并拦住攻打商纣王的军马，大骂姬发不仁不义。可是，姬发仍然决意灭商。他灭掉商朝，吞并了其他诸侯国，建立了周朝。

伯夷、叔齐只好到处流浪，最后来到人烟稀少、树木丛生的首阳山，在一处山洞里隐居下来。兄弟二人忠贞不屈，宁愿挨饿，也不吃周朝国土上长出的五谷，整天上山挖野菜、摘野果充饥。

深山老林的生活十分艰苦，加之没有饭吃，伯夷、叔齐披头散发，饿得骨瘦如柴。许多年过去了，兄弟二人都成了老人。当地有几户老百姓经常看到伯夷、叔齐不食五谷，只吃野菜，便不忍心，送来粮食。可是，兄弟二人还是不接受。当时，一位农夫对他们说：“你们就吃吧，你们不吃这周国国土上长出的粮食，吃的野菜不也是周国国土上长出来的吗？”

伯夷、叔齐听了农夫的话，觉得言之有理，心里对周朝的愤恨更深了，于是连野菜也不吃了，以示对周朝和周武王的不满与反抗。几天后，村民们来到山洞，发现伯夷、叔齐这两个骨瘦如柴的老人已饿死了。

·读一读　查一查·

周文王

周文王姬昌，即殷西伯侯，遵从先人之法，继承祖先的业绩，礼贤下士，使其领地日益强盛。商纣王恐其不利于己，将其囚于羑里。姬昌先后征伐犬戎、密须、耆国、崇国等，为讨伐商纣做积极准备。他死后，次子发继位，是为周武王。武王完成了文王讨伐商纣的遗愿。

·读一读　悟一悟·

伯夷和叔齐宁愿饿死，也不吃周朝的粮食，因为在他们看来，周武王伐纣是不仁义的行为，这种在今天看来似乎有点迂腐的行为，恰好表现了他们的清高与仁义。

·小小资料库·

中国古代的床和现在的一样吗?

我们每天晚上都可以在床上舒服地休息，但是你知道吗，中国古代最初是没有床的，人们白天工作，晚上在地上铺一张草席就可以了。再往后就有床了，但是最初的床又宽又矮，不是专门用来睡觉的，它可以供人娱乐、吃饭、读书甚至谈论国家大事。床真正得到发展是在明朝和清朝。浙江乌镇的江南百床馆是中国最齐全的床收藏馆。如果同学们感兴趣，有机会就去看一看吧。

春秋战国

一、十分钟了解春秋战国

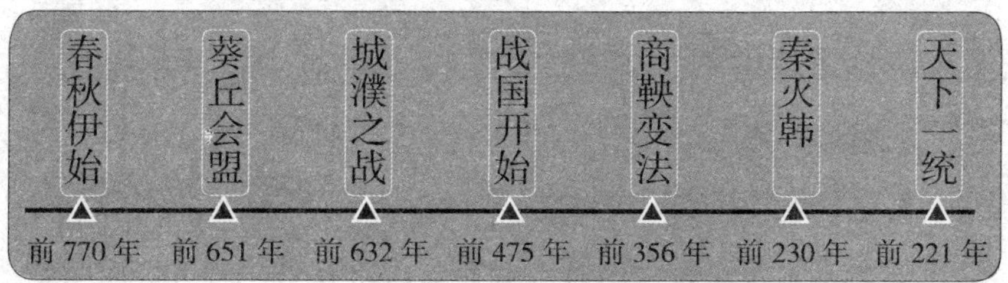

春秋战国（前770年—前221年），春秋和战国合称东周时期。春秋战国分界线：春秋（前770年—前476年），战国（前475年—前221年）。“春秋”由鲁国孔子的编年史《春秋》一书而得名；“战国”得名于西汉末年刘向编著的《战国策》。春秋时期各国的兼并与斗争，形成了“春秋五霸”，《荀子·王霸》中说他们分别为齐桓公、晋文公、楚庄王、吴王阖闾、越王勾践。春秋之后，也就是周朝的后半期，进入了七国争雄的时代，战国七雄分别是齐、楚、燕、韩、赵、魏、秦这七个诸侯强国。各国连年征战，在军事、政治、外交各方面的斗争十分激烈。由于秦国的商鞅变法发挥了富国强兵的重要作用，秦国终于后来居上，逐一灭掉了其他六国，完成了“秦王扫六合”的统一大业。

1. 齐桓公称霸

齐桓公任用管仲为相，推行政革，“九合诸侯，一匡天下”，最先成为霸主。齐桓公是在前 685 年即位的。他在政治、经济上做了一系列改革，使齐国强大起来。由于齐桓公率兵击退戎狄的进攻，又率齐、鲁、宋等八国之师破蔡伐楚，阻止楚军北进，他的威信由此大增。前 651 年，他大会诸侯于葵丘（今河南民权东北），订立盟约，成为中原第一个霸主。

2. 城濮大战

晋文公重耳流亡回国后整顿内政，增强军队，想争当霸主。这时周襄王被王子带勾结狄人赶跑，流落在外。晋文公以为是“取威定霸”的好机会，便约会诸侯，打垮王子带，把襄王送回王都，举起了“尊王”的旗帜。前 632 年，晋楚两军在城濮大战，晋军打败了楚军。战后，晋文公在践土会盟诸侯，周天子也派代表来参加，册命晋文公为“侯伯”。

3. 商鞅变法

春秋时期秦国的孝公即位以后，决心图强改革，便下令招贤。商鞅自魏国入秦，秦孝公任命他为左庶长，开始变法。他提出了废井田、重农桑、奖军工、实行统一度量衡制和郡县制等一整套变法求新的发展策略，深得秦孝公的信任。经过商鞅变法，秦国的经济得到发展，军队战斗力不断增强，发展成为战国后期最富强的封建国家。

4. 秦灭韩

秦国按中央突破，由近及远，逐个歼灭的方针，将主攻方向指向韩国。秦王政十六年(前 231 年)，秦国故意挑衅，强索韩地。韩王安企图苟安，被迫献出南阳地。十七年（前 230 年)，内史腾率领秦军突然南下渡过黄河进攻韩国，一举攻克韩都新郑，俘获韩王安，继而占领韩国全境，韩国灭亡。此后秦国加快了统一的步伐。

5. 秦灭齐

公元前 221 年，秦王以齐国拒绝秦国使者访齐为由，避开了齐国西部主力，命王贲率领秦军由原燕国南部南下进攻齐都临淄。齐军士气本不旺盛，对秦军突然从北攻来，更是措手不及，迅速土崩瓦解。秦军一举攻占临淄，俘齐王建，齐亡。从此，中国建立起统一的、多民族的、专制主义的中央集权国家。

二、春秋战国之最

1. 最早成为盟主的诸侯

他不计前嫌任用仇人管仲为相，进行改革，国力日渐强盛。中原华夏各诸侯苦于戎、狄等部落的攻击时，他打出“尊王攘夷”

的旗号，北击山戎，南伐楚国，大会诸侯于葵丘，成为中国历史上第一个担任盟主的诸侯。他就是齐桓公。

2. 最早的编年体历史著作

它记载了二百四十多年的历史，记载的史实虽只是大纲或提要，也难让人弄清原委，但它却给予后人很大的启示，它就是《春秋》，我国现存最早的编年体（按年、月、日顺序编写史书的体裁）历史著作。后人多给予补充叙述和解释，这些补充叙述和解释称作“传”。春秋末期鲁国人左丘明作的《春秋左氏传》，简称《左传》；战国时公羊高作的《春秋公羊传》，简称《公羊传》；战国时鲁国人穀梁赤作的《春秋穀梁传》，简称《穀梁传》，三者合称“春秋三传”，流传至今。

3. 最早的海战

吴王夫差在西破楚国、南降越国后，经过数年精心准备，于公元前 485 年春，出兵北伐齐国。夫差将吴军兵分两路，自己率领主力搭乘内河战船由邗沟入淮河北上，大夫徐承率海师主力从海路绕道齐国后方。南方诸侯国从海路远征北方国家，这在之前是从来没有过的。齐国海军出兵南下，在海上迎战吴军海师，结果击败了吴国。这就是中国历史上的第一次海战——吴齐海战。

4. 最早的诗人

他才华横溢却遭到国君的流放，他忠心耿耿却受到小人的陷害，然而这一切都不能改变他的拳拳爱国之心。众人皆醉他独醒，天下皆浊他独清。当国家灭亡，他再也不愿苟且偷生，在绝望中自沉汨罗，留下《离骚》《九歌》这些流芳千古的篇章。他就是我国已知的最早的诗人——屈原。

5. 最具风采的刺客

他在易水畔高唱："风萧萧兮易水寒，壮士一去兮不复还！"苍凉悲壮又慷慨激昂。当秦武阳脸色苍白时，他在强大的秦王面前毫无惧色，他自知行刺失败，也没有退缩，而是靠着柱子大笑起来，大骂秦之不义，慷慨赴死。他就是一心报主的燕国刺客——荆轲。

三、故事精选

孔子的故事

故事导航

春秋时期，多才多艺的孔子为了传播自己的儒家思想，带领学生四处奔走，虽然屡屡碰壁，但是毫不气馁，他开创的儒家文化成为对中国最有影响力的思想文化。

孔子（前 551 年—前 479 年），名丘，是中国古代伟大的思想家、教育家，也是儒家学派的创始人。

公元前 551 年，孔子出生于鲁国陬邑（今山东曲阜东南）一个贵族之家。传说他出生时长得很是怪异：鼻孔朝天，牙齿暴露，头顶凹陷，像一座山丘。孔子的父亲看着孩子的样子，便给他取名为孔丘，字仲尼。

孔子的父亲在他很小时就去世了，他由母亲养大。孔子的母亲颜氏很贤德，经常教他识字、读书。孔子自幼聪明，母亲教他说话、识字，他学一两遍就记住了。

孔子很小的时候就对礼仪的知识特别感兴趣，总是问个不休。

孔子三岁那年，一天，狂风大作，雷声阵阵，孔子的母亲颜氏正忙着收衣服，却看见孔子一个人拿着俎和豆走到家门前。过了一会儿，还不见孔子回来，母亲一看，孔子在门口用土堆和草模拟祭祀的仪式，口中还念念有词。她招呼孔子说：“要下雨了，快别玩了，赶紧回家来。”孔子一本正经地回答母亲：“我不是在玩，我是在学习如何祭天。”

孔子的母亲愣住了。她仔细看着每个动作做得都很认真的孔子，觉得他确实不是在玩，心里暗暗思量：这孩子的兴趣很好，不如趁机引导他。于是她把孔子送到了他外祖父家里。孔子的外祖父是个很懂礼法的人，在他的教导下，孔子进步很快。

因为家境贫寒，孔子从小就很懂事，知道体贴母亲，他经常做一些力所能及的活来减轻母亲的负担。孔子七岁时就上山去砍柴了，开始母亲不放心，总是叫哥哥和他一起去，但因为哥哥的腿有毛病，孔子就让哥哥在家做活，自己一个人去山上砍柴。

有一天，孔子砍好了柴正在歇息，忽然被远处传来的一阵美妙琴声吸引住了。以前，孔子也经常听别人弹琴，比如他的外祖父就会弹琴。但他觉得今天的琴声比自己以前听到的那些琴声更浑厚有力，更动听。那弹琴之人技法高超，琴声犹如天籁。他听着听着就像入了迷一样，不知不觉顺着琴声找了过去。翻山越岭之后，他看到一位穿着古雅的老人正坐在树下弹琴。

他怕打搅了人家，就坐在一边悄悄听。老人其实已经看到了孔子，但没理他。等孔子从恍若仙境般的感觉中清醒过来的时候，老人已经不见了，孔子觉得刚刚就像做了一个梦。看到天色已晚，他顾不得多想，赶紧回家了。

第二天，他在砍柴的时候又听到了琴声，尽管他告诉自己不要打搅老人，但实在忍不住又找到了那里。像前一天一样，当他睁开眼睛时，弹琴的老人又不见了，孔子心里很惭愧，觉得自己打搅了人家。第三天的时候，孔子没敢出来，悄悄藏在树后屏住呼吸听。

老人这次弹琴后没走，他把孔子从树后叫了出来。孔子很不安地对老人说："我每天听您弹琴打搅到您了，但您弹得实在太好了。请您原谅我的莽撞，如果您不希望我出现，我以后就不来了。"老人见孔子很诚实，笑着问他的来历。孔子说："我姓孔名丘，字仲尼，排行第二，哥哥的腿有毛病，我们靠砍柴度日。"

老人想考考孔子，就问了孔子史书上的一些事，结果孔子对答如流。老人很满意，就问他："你很喜欢琴吗？"孔子回答："母亲对我说，'六艺'是立身的根本，琴为乐，是'六艺'之一。"老人问孔子："你愿意学琴吗？"聪明的孔子马上拜倒在地，声音洪亮地说："孔丘愿意拜您为师。"

就这样，孔子便开始跟随老人学琴。为了能学好，他刻苦地练习，无论冬夏都坚持不懈。因为白天要砍柴，他晚上很晚才能休息。

功夫不负有心人，两年之后，他的琴技有了很大提高。终于，他成为春秋时期著名的鼓琴大师。

十七岁时，孔子的母亲也离开了人世。孔子不得不做各种工作来维持生活。贫穷的生活不仅没有让孔子气馁，反而更加坚定了他发愤学习的决心。

孔子孜孜不倦地在求学的道路上探索，他向名人学习，也向平民百姓学习，他曾说："三人行，必有我师焉。"据说，孔子同别人一起唱歌，觉得人家唱得好时，一定要请人家再唱一遍，然后自己又和着人家唱。

孔子称自己"三十而立"，就是说在三十岁时他已经有所成就。他会的东西已经远远超过了古代"六艺"的范畴，他的名声也越来越大。有一次，孔子在曲阜城西进行习射活动，人们听说是孔子在习射，都纷纷赶去观看，围观的人简直像一堵墙。

孔子要向天下传播自己的思想。他办起了私学，招收了很多学生，据说前后大概有三千人。孔子招收学生不分贵贱，他提倡"有教无类"，注重"因材施教"，循循善诱。在他的学生中，精通"六艺"的得意门生就有七十余人。这些学生都成了远近闻名的贤德君子。

作为儒家学说的创始人，孔子的学术以礼仪为规范，以仁爱为根本，他想培养出品学兼优的道德君子，主张"学而优则仕"，希望国家的政权掌握在高素质的文化人手中。孔子向平民普及教育，培养出了许多出身低下的人才，他被天下人尊为"圣人"。

孔子曾一度为鲁国司寇（掌管刑狱、纠察等事），政绩卓著，可惜不久就弃官离鲁。之后孔子带领学生周游列国十三年，历经磨难，仍无结果，只得返回鲁国。这时他已六十八岁了。

晚年的孔子致力于教育，整理《诗经》《尚书》等古代文献，并把鲁国史官所记《春秋》加以删修。

公元前479年的初春，孔子病逝。孔子的一些弟子为他守丧，在他墓旁建房的有一百多人，并各植树一棵，因此后人称这个地方为“孔林”。

他的学生分散到各国游说诸侯，宣扬孔子的学说，到了战国时代，孟子将孔子的学说发扬光大，使儒学不断发展完善，并最终成为中华传统文化的核心。

·读一读　查一查·

《春秋》

在历史上，《春秋》是儒家五经之一，是孔子依据鲁国史书《鲁春秋》修订的，借由记载各诸侯国重大历史事件，宣扬王道思想。因此，“春秋”一词又被用来指我国历史上的一个时期。

·读一读　悟一悟·

孔子的父母过早地离开了人世，贫穷的生活不仅没有使孔子气馁，反而更加坚定了他发愤学习的志向。孔子孜孜不倦地在求学道路上探索和进取，这种精神值得我们学习。

卧薪尝胆

故事导航

春秋末年，吴越争霸，最初吴国打败了越国，被吴王囚禁的越王勾践牢记耻辱，忍辱负重，卧薪尝胆，最终战胜了吴国，成为春秋最后一位霸主。

卧薪尝胆讲的是春秋末年越王勾践发愤图强、兴越灭吴、报仇雪恨的故事。

吴国和越国是春秋末年在长江下游先后崛起的两个国家。它们就像一个山头上的两只老虎，都想吃掉对方，因而发生了多次战争，双方各有胜负。公元前496年，吴王阖闾亲征越国，被越国打得大败，并且身受重伤。阖闾死前，嘱咐他的儿子夫差说："一定不要忘记为我报仇。"

两年以后，越王勾践听说吴王夫差日夜操练兵马，要向越国报仇，便想先发制人，趁吴国发兵之前，先攻打吴国。范蠡谏阻说："发动战争是违反道义的事，违反道义，喜欢动用武力，在战争中去冒险，是不会得到什么好处的。"

勾践不听劝阻，发兵攻打吴国。吴国用它全部的精锐部队抗击越国的进攻，结果大败越军。勾践和他剩下的五千兵众退守会稽山(今浙江绍兴南)，吴军将他们团团包围。越王勾践悔恨交加，对范蠡说道:“我因为不听您的劝阻，落到今天这步田地，不知如何是好。”

范蠡和文种建议越王向吴王夫差求和。越王勾践接受了他们的建议，贿赂了吴国的太宰。吴王在太宰的劝说下，答应讲和撤兵，但越王必须留在吴国。

勾践同妻子和大臣范蠡都去吴国做了人质。勾践抵达吴国后，夫差有意羞辱他，要他住在阖闾坟前的一个小石屋里守坟喂马，有时骑马出门还故意要他牵马在国人面前走过。勾践忍辱负重，自称贱臣，对吴王十分恭敬，吃粗粮，睡马房，服苦役，除粪，洒扫。就这样，勾践在吴国屈辱地度过了三年，在这三年的时间里勾践没有表现出一点怨恨的样子，他的表现大大胜过了夫差手下的仆役。

夫差生病，勾践前去问候，亲口尝夫差刚拉的大便，诊断夫差的病情。勾践所做的这一切终于博得了吴王夫差的欢心。由于勾践尽心服侍，再加上吴国太宰接受文种不时派人送来的重礼而经常在夫差面前为勾践说好话，夫差认为勾践已真心臣服，决定放他们回国。

勾践在吴国待了三年后归国。为了激励自己不忘报仇雪耻，他睡觉时不铺褥子而铺柴草，还在房间里挂了一个苦胆，每顿饭前都要尝尝。

越国遭受战争创伤，田地荒芜，人口减少，生产受到很大破坏。为使国家富强，勾践采纳了范蠡、文种提出的“十年生聚，十年教训”的休养生息之策，让范蠡负责练兵，文种管理国家政事。国家奖励耕种、养蚕、织布，尤其鼓励生育，增加人丁。规定男二十岁、女十七岁必须结婚，否则父母受罚；上了年纪的人不准娶年轻姑娘为妻；妇女临产前要报官，由国家派医官检查照顾；生男奖酒一壶、狗一条，生女奖酒两壶、猪一头；生双胞胎的，国家发给粮食；生三胞胎的，国家给配备一名乳母。

勾践在范蠡、文种的辅佐下，励精图治，发愤图强，富民兴国。他亲自耕作，与百姓一同劳动；提倡节俭，从不奢侈浪费；开垦荒田、训练士兵。经过一段时间的休养生息，越国人民殷富，社会安定，士民皆欲报仇雪耻。

在国家迅速恢复生机的同时，勾践又采取许多办法麻痹吴国。他恭谨事吴，贡献美女、玩物、巧匠，让夫差贪图享受，消除其对越的戒备；迎合夫差急于争霸之心，诱导吴王率精兵北进中原，耗损其国力、军力；按时给吴国纳贡，使夫差始终相信他是真心臣服。同时，勾践继续贿赂吴国的太宰。他还派出奸细刺探吴国的消息，散布谣言离间吴国的君臣关系，使夫差杀害忠良。勾践又以越国遇到灾害为由，向夫差借粮，使吴国粮食储量减少，而越国则储备充足。探知夫差要建造姑苏台，勾践派人运去特大木料，说是“神木”，夫差非常高兴，扩大了姑苏台的规模，使吴国更加劳民伤财。勾践又施美人计，为夫差的姑苏台选送美女。其中有一个名叫西施的美女，由范蠡在苎萝选得，她不仅美貌无比，且有才识。夫差得到西施，对她极其宠爱，甚至言听计从。

吴臣伍子胥早已察觉勾践的所作所为意在复仇，多次劝谏夫差，不仅未被接受，反而引起夫差的反感和怀疑。夫差为争霸而北上伐齐，伍子胥不赞成，指出越国才是心腹大患。夫差不听，继续伐齐，在艾陵之战中大败齐军，获胜而归，夫差十分得意。不久又听信了太宰的谗言，赐剑令伍子胥自尽，伍子胥死前说："必取吾眼置吴东门，以观越兵入也！"伍子胥死后，吴王将政事交给太宰管理。勾践得知伍子胥已死，准备起兵伐吴，范蠡认为时机未到，还需等待。

公元前 482 年春，吴王夫差率全国精锐部队北上黄池（今河南封丘西南）会盟诸侯，国内只留下太子友和老弱兵卒守卫。越王勾践想乘此时机出兵攻吴。范蠡认为时机未到，劝勾践暂缓出兵。数月之后，范蠡估计吴军主力已到黄池，遂促勾践出兵袭吴。勾践乃率五万大军攻打吴国，命范蠡率师沿海溯淮断夫差归路，他自率主力由陆路北上，歼灭了吴国的守军，攻破了吴的都城。吴军大败，太子友被烧死在姑苏台。这时，夫差接到消息，十分懊丧，只好派太宰向越求和。勾践和范蠡认为吴国还有实力，一时消灭不了，答应讲和，退兵回国。

公元前 478 年，范蠡、文种趁吴国多年灾荒又遇大旱、百姓饥饿的时候，再次建议勾践乘隙攻吴。越军大败吴军于笠泽，这从根本上改变了吴、越的力量对比。后来勾践对吴国实施了长达三年的围困，并再次征伐与围困吴国，吴王夫差被越军长期围困，力不能支，于是派王孙雒袒衣膝行向勾践求和。勾践于心不忍，正要应允，范蠡上前说："大王您忍辱受苦近二十年，为了什么？现在能尽弃前功吗？"他转头又回绝王孙雒说："过去是上天把越赐予吴国，你们不受；今天是上天把吴赐予越，我们不敢违背天命而答应你们的请求。"王孙雒还要哀求，范蠡毅然鸣鼓进兵。吴王夫差求和不成，见大势已去，准备自杀，临死时他说："我没有脸去见伍子胥！"就这样，勾践于公元前 473 年终于灭了吴国，一雪耻辱。

随后勾践又乘胜率兵北渡淮水，会齐、晋等国诸侯于徐州（今山东滕州南），诸侯尽来朝贺。勾践完成了霸业，成为春秋时期的最后一位霸主。

·读一读　查一查·

西施

西施原名施夷光，春秋末期出生于浙江诸暨苎萝村，天生丽质，是中国古代四大美女之首，是美的化身和代名词。"闭月羞花之貌，沉鱼落雁之容"中的"沉鱼"，讲的就是西施浣纱的经典传说。

·读一读　悟一悟·

被吴王打败的越王勾践忍辱负重，不忘国耻，暗中积蓄力量，最终在范蠡等大臣的帮助下，报仇雪恨。他不屈不挠的精神值得后人学习。

神医扁鹊

故事导航

战国时期，医术高明、心地善良的扁鹊到处为老百姓看病行医，发明了“望、闻、问、切”的医疗方法，为中国医学的发展做出了伟大的贡献。

我国的医学有独到的诊治疾病的方法，在春秋战国时期已经有很高的医治水平了。被称为中医学“开山祖师”的扁鹊就是春秋末期至战国初期最有名的医生。

扁鹊，本来指传说中黄帝时代的名医。到春秋后期，有个叫秦越人的医生，因为医术高明，医德高尚，就被人们以“扁鹊”相称，他的真名则被人忘记了。

扁鹊是渤海郡鄚（今河北任丘北）人，年轻的时候当过客店掌柜，后来得到老名医长桑君的指点，学会了看病治病，就开始行医了。扁鹊在北方各地游走，到了一个地方就给当地人看病，对于普通百姓尤其关心。老人、妇女、儿童的病，他都治得好。这样，他的名声渐渐传开了，人们都很尊敬他。扁鹊行医，不但会用药物、针灸，还特别重视病人的心理状态，他认为有些病主要不是肌体的毛病，而是人的心理和生活失调。像为人骄傲任性、拼命追求财富、不锻炼身体等都对人体有害，遇到这样的病人，他是不给治的。特别是那些相信迷信、巫术的人，他坚决不治。

扁鹊晚年，曾到秦国行医。秦武王想请他看病，可秦国医官李醯（xī）非常忌妒扁鹊，怕他给国君治好了病，影响自己的声誉和地位，竟派人把一代名医扁鹊杀害了。

扁鹊的医术代表了春秋战国时期的医疗水平，也奠定了我国传统医学的基础。直到今天，“望、闻、问、切”，针灸，汤药，仍然是中医诊断和治疗的基本手段。传说他的著作有《内经》《外经》等书，可惜现在已经失传了。

·读一读　查一查·

望、闻、问、切

中医诊断疾病的方法。“望”是观察病人的发育情况、面色、舌苔、表情等；“闻”是听病人的说话声音、咳嗽、喘息，并且嗅出病人的口臭、体臭等气味；“问”是询问病人自己所感到的症状，以前所患过的病等；“切”是用手诊脉或按腹部有没有痞块。“望”“闻”“问”“切”又叫作“四诊”。

·读一读　悟一悟·

神医扁鹊不仅医术高明，而且品德高尚，心怀普通百姓，得到了人们的尊敬。

信陵君窃符救赵

故事导航

秦国围住赵国，并威胁其他国家不准援助赵国，赵王只好求救信陵君，信陵君请如姬偷取了魏王的兵符，替赵国解了围。

秦昭襄王听到魏国和楚国发兵去救赵国，就派人去对魏安釐王说："邯郸早晚会被秦国打下来。谁要去救，攻克邯郸后我就先打谁！"

魏安釐王吓得连忙派使者去追晋鄙，叫他立刻停止前进。晋鄙把魏国的十万兵马驻扎在邺城（今河北临漳西南）。春申君也不再前进，在武关驻扎下来。秦昭襄王叫大将加紧攻打邯郸。赵孝成王只好再打发使者偷偷地跑到魏国，催魏安釐王快点进兵救赵。

魏安釐王想要进兵，怕得罪秦国；不进兵吧，又怕得罪赵国，只好不进不退，干耗着。平原君也派人上邺城请魏国大将晋鄙进兵，晋鄙回答不敢自作主张。平原君又给魏公子信陵君写信，大意是：邯郸万分危急，敝国眼看快要亡了。您姐姐（平原君的夫人是信陵君的姐姐）黑天白日地哭着，公子也得替您姐姐想一想啊！

信陵君接到了这封信，再三央告魏安釐王叫晋鄙进兵，魏安釐王始终不答应。信陵君对门客们说："大王不愿意进兵，我自己上赵国去，要死就跟他们死在一起。"他预备了车马，决计去跟秦军拼命，有一千多个门客也愿意跟着他一块去。

路过东门，信陵君下车去跟他的朋友、守门人侯生辞别。侯生冷淡地说："公子保重。我老了，不能跟您一块去。"信陵君向他告别后就走了。走不多远，信陵君越想越觉得不对劲，侯生竟连一句体贴的话都没说，他便忍不住再回去问。

侯生见信陵君回来了，说："我料定公子会回来！"

信陵君说："我想我一定有得罪先生的地方，特地回来请先生指教。"

侯生说："公子就这样到秦国的兵营里去，正像羊入虎口，不是白白去送死吗？"

侯生接着对信陵君说："咱们大王最宠爱的是如姬。当初如姬的父亲被人害死，她请大王给她报仇，后来还是公子叫门客去给如姬报的仇，把仇人的脑袋给她送了去。如姬为了这件事非常感激公子，她就是替公子死也心甘情愿。公子只有请她把兵符偷出来，拿了兵符去夺取晋鄙 率领的军队，才能跟秦国打仗。"

信陵君被侯生提醒了，就去跟如姬商量。如姬当晚就把兵符偷了出来交给信陵君。信陵君拿着兵符到东门去跟侯生辞别。侯生说："我的朋友朱亥，是天下数一数二的勇士，要是晋鄙不把兵权交出来，公子就叫朱亥杀了他。"

信陵君带着朱亥和一千多个门客到了邺城，见了晋鄙，对他说:“大王特地派无忌来接替将军。”说着，就拿出兵符验过。

可晋鄙起了疑心，说:“这军机大事，我还得奏明大王……”他的话还没说完，朱亥从袖子里拿出一个四十斤重的铁锤，冲着晋鄙的脑袋一砸，晋鄙当场毙命。

信陵君拿着兵符对将士们下令:“父亲和儿子都在军队里的，父亲可以回去；哥哥和弟弟都在军队里的，哥哥可以回去；独子可以回去奉养老人；有病的或者身子弱的也可以回去；其余的人都跟我去救赵国。”

信陵君重新编排队伍，总共有八万精兵。他指挥着这八万将士向秦国的兵营冲杀。秦军没想到魏国的军队会突然来攻打，手忙脚乱地抵抗了一阵。平原君也开了城门，带着赵国的军队杀了出来。两边夹攻，打得秦国的军队就像山崩似的溃败了下来。

多少年来，秦国没打过这么大的败仗。秦昭襄王赶紧下令退兵，但已经死伤了一半人马。秦将郑安平的两万人被魏国的军队切断了退路，变成了孤军，他带领两万人投降了信陵君。

赵孝成王亲自到边境迎接信陵君，并道谢说:“全仗公子救了赵国!”信陵君也谦逊了一番。他不敢再回魏国，就把兵符和军队交给魏国的将军带回去，自己留在了赵国。

·读一读 查一查·

战国四公子

战国末期，秦国越来越强大，各诸侯国贵族为了对付秦国的进扰和避免本国的灭亡，竭力网罗人才。他们礼贤下士，广招宾客，以扩大自己的势力，因此养“士”（包括学士、策士、方士或术士以及食客）之风盛行。当时，以养“士”著称的有魏国的信陵君、齐国的孟尝君、赵国的平原君和楚国的春申君。因其四人都是王公贵族（一般是国家君王的后代），时人称之为“战国四公子”。

·读一读　悟一悟·

信陵君不顾强大的秦国的威胁，想方设法援助赵国，替赵国解除了秦国的包围，不愧是一个侠义之士。

·小小资料库·

中国古代的知名“酒鬼”有谁?

有人做了一个中国古代九大酒鬼的评选，魏晋时期就占了六个。这里面，最勇敢的酒鬼是孔融，最搞笑的酒鬼是刘伶，最洒脱的当然要数陶渊明了。孔融是公开挑衅曹操禁酒令的第一人。刘伶经常坐着鹿车，车上放着酒，车走到哪里他就喝到哪里，后面还跟着一个人扛把铁锹，职责是等刘伶喝死的时候把他埋了。陶渊明和朋友喝酒，他每饮必醉，醉后对朋友说：我喝多了要睡觉去了，您请自便吧。像这样洒脱的酒鬼，当然不多见。

秦朝

一、十分钟了解秦朝

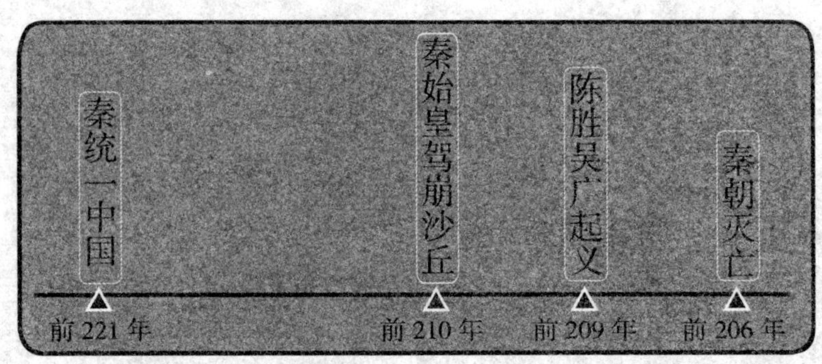

秦朝是中国历史上一个极为重要的朝代，是由战国时代后期的秦国发展起来的统一大国，它结束了自春秋起五百多年来分裂割据的局面，成为中国历史上第一个统一的、多民族的、中央集权的封建国家。自秦始皇至秦王子婴，共传三帝，15年。秦始皇统一货币，统一度量衡，统一文字，甚至“焚书坑儒”以统一思想。秦始皇还在全国修筑道路，尤其是开通了通往东方和东南的驰道。他征发了70多万人修造阿房宫，动用大量人力财力修造骊山陵，

“孟姜女哭长城”的故事就是对他残酷劳役的控诉。秦朝残暴的统治终于迫使人民起义，秦朝不久后灭亡。

1. 秦始皇统一中国

公元前 247 年，十三岁的秦王嬴政即位，因年幼，朝政由太后和相国吕不韦掌管。公元前 238 年，秦始皇二十二岁时，在故都雍城举行了加冕仪式，开始“亲理朝政”，镇压嫪毐叛乱。次年，免吕不韦相职，重用李斯、王翦等人。公元前 230 年至公元前 221 年间，先后灭韩、魏、楚、燕、赵、齐六国，三十九岁时完成了统一全国大业，建立起一个以汉族为主体、多民族统一的中央集权的强大国家——秦朝。

2. 驾崩沙丘

公元前 210 年，被称为“千古一帝”的秦始皇死于他第五次东巡途中。或许秦始皇注定是一个争议颇多的历史人物，他的死如同他的身世以及雄才大略，同样引起了后人的争议。目前史学界有两种截然不同的观点，一说他死于疾病，一说他死于非命。

3. 陈胜吴广起义

秦朝末年，频繁的战争、庞大的官僚机构、连续的大兴土木，动摇了统治基础，人民不堪重负，痛苦到了极点。公元前 209 年，陈胜、吴广领导的农民起义爆发，这是中国历史上的第一次农民起义，影响极为深远。

二、秦朝之最

1. 最早称皇帝的人

他横扫六国，完成了统一全国的大业，建立了中国历史上第一个统一的、多民族的、专制主义中央集权制国家。他认为自己的功劳胜过之前的三皇五帝，将大臣议定的尊号改为“皇帝”。他是中国历史上第一个使用“皇帝”称号的君主，对中国和世界的历史均产生了深远的影响，被明代思想家李贽誉为“千古一帝”，他与汉武帝并称为“秦皇汉武”。他就是秦始皇。

2. 最饱含血泪的伟大建筑

秦始皇时代，生产力极其低下，男人辛苦劳作尚不能果腹，女人纺织布匹却无法蔽体。可是秦始皇却每年征发民夫四十余万北筑长城，辛苦的劳动造成千里蔽白骨、鲜血流成河的悲惨景象，“孟姜女哭长城”的故事就是这种惨象的最好证明，所以伟大的长城饱含了人民的痛苦血泪。

3. 最不得善终的丞相

在战国时期，人人争名逐利，他也不甘寂寞，想干出一番事业，于是他拜荀子为师。他认为人生在世，卑贱是最大的耻辱，穷困是莫大的悲哀，于是他辞别老师，远赴秦国。当秦王对各国来臣下逐客令时，他写下著名的《谏逐客书》。终于，他凭着自己的努力与才华，官运亨通，当上了“千古一帝”的丞相，一人之下，万人之上。然而秦二世时，他却在权力斗争中被判谋反，被腰斩于市。他就是李斯。

4. 最肆无忌惮的宦官

他是中国秦朝著名宦官。秦始皇死后，他与李斯合谋篡改诏书，立始皇幼子胡亥为帝，并逼死始皇长子扶苏。秦二世即位后，他设计陷害李斯，并成为丞相，把持朝政，留下“指鹿为马”的著名典故，最后派人杀死秦二世，又被秦王子婴所杀，诛灭三族。他就是赵高。

三、故事精选

千古一帝

故事导航

战国末期，嬴政先后除掉了威胁他的吕不韦和嫪毐，掌握了朝政大权。于前221年统一中国，并自称皇帝，这就是中国历史上第一位皇帝——秦始皇。

秦始皇名嬴政，为战国时代秦庄襄王之子，秦王朝的创建者，他是中国历史上第一个称“皇帝”的君主。他建立了中国历史上第一个中央集权的封建制国家，拉开了中国两千多年封建历史的序幕，被誉为“千古一帝”。

嬴异人（秦庄襄王）曾作为人质流落于赵国，豪商巨贾吕不韦认为他“奇货可居”，决定帮助他，并将自己的爱姬赵姬许给他。

公元前 259 年，嬴异人之子嬴政出生于赵国。据说嬴政刚出生时，高鼻大眼，胸向前突，哭叫声音尖厉，像是豺狼嗥叫。当时，秦赵两国正在交兵，嬴政在战火中的邯郸待了三年，幼小的他在喊杀声中成长。公元前 257 年，嬴异人在吕不韦的帮助下，逃回秦国。

公元前 249 年，嬴异人继承王位，是为秦庄襄王。秦庄襄王在位三年就病死了。年仅十三岁的嬴政继承了王位，因他年幼，国家政权便落入了已是太后的赵姬和相国吕不韦手中。

吕不韦被秦王嬴政尊为“仲父”，权势极大，食邑十万户，奴仆万人，富可敌国。同时，吕不韦为了扩大自己的政治影响力，又命令门客搜集史料，编辑了鸿篇巨制——《吕氏春秋》，以期彪炳千古。

公元前 239 年，嬴政二十一岁，依照秦国的旧制，第二年要举行冠礼，然后嬴政就可以亲政了。公元前 238 年，吕不韦和嫪毐向他示威：吕不韦公开拿出了《吕氏春秋》，嫪毐则依仗赵太后的势力，不尊重嬴政。嬴政在挑衅面前不动声色，按计划举行了冠礼。而嫪毐却等不及了，他想乘机叛乱，杀掉嬴政，结果其叛乱被早有防备的嬴政迅速平息。嫪毐被捉，最后被处以车裂酷刑，诛灭三族。他的同党被诛杀的有二十多人，受牵连的达四千余人。赵太后则被软禁起来。后经过群臣的劝说，嬴政亲自把母亲接回了咸阳。

除掉嫪毐的第二年，嬴政又免掉了吕不韦的相国职位，把他赶出咸阳，让他到自己的封地河南去了。

后来，嬴政为了避免吕不韦和诸侯宾客串通作乱，派人给吕不韦送去绝命书，信中对吕不韦大加斥责：“你对秦国有什么功劳，能封土河南，食邑十万？你和秦国又有什么亲缘，得到‘仲父’的称号？你们全家人都迁到蜀郡去吧！”吕不韦知道自己最后难免一死，干脆服毒自杀了。二十三岁的嬴政掌握了真正的大权。

此后，他重用李斯、尉缭、姚贾、蒙恬、王翦等文武人才，在李斯“灭诸侯，成帝业，为天下一统”的劝勉声中，吹响了统一全国的号角。从公元前230年到前221年的十年中，秦王嬴政采取了分化瓦解、各个击破的策略，或武力威胁，或重金收买，或离间君臣，或挑拨将帅，或蚕食，或强攻，灭掉了韩、魏、楚、燕、赵、齐六个国家。从此，中国进入了一个大一统的时代。

公元前221年，嬴政统一中国。他为了炫耀自己统一天下的功德，确立至高无上的权威，创立了“皇帝”的尊号，自称“始皇帝”，并宣布以后他的子孙继承皇位，按次序称二世、三世等，妄图无穷尽地传下去。

秦王朝建立后，秦始皇在全国实行郡县制，将全国分为三十六个郡，郡下设县。他确定国家一切重大事务由皇帝裁决，朝廷和地方的重要官员由皇帝直接任免；废除六国原有的法令法规，统一法律；拆毁各诸侯国原来的城防工事，修建道路，这不仅方便了交通，而且加强了中原地区与西南地区的联系。战国时，各诸侯国言语异音，文字异形，秦始皇采纳李斯的意见，将秦国原来使用的篆书稍加简化，作为正字推广开来，同时淘汰通行于其他地区的异体字。这种经过简化的篆书就是小篆，是中国第一种规范化的字体。此外，他还把圆形方孔铜钱作为全国统一流通使用的货币，对度量衡也做了统一的规定。

这些举措的实施，大大推动了社会经济、文化的发展。秦始皇的这些作为在当时都是前无古人的，因此，后人称他为“千古一帝”。

·读一读　查一查·

《吕氏春秋》

《吕氏春秋》是战国末年秦国丞相吕不韦组织门客们集体编撰的杂家（儒、法、道等）著作，又名《吕览》。此书共分为十二纪、八览、六论，共二十六卷，一百六十篇，近十五万字。吕不韦自己认为其中包括了天地万物古往今来的事理，所以称《吕氏春秋》。

·读一读　悟一悟·

秦王嬴政善计谋，利用自己的聪明才智，战胜了势力强大的吕不韦和嫪毐，终于亲政，后又统一了中国，他不愧为一个伟大的皇帝。

·小小资料库·

“皇帝”一词是怎么来的?

“皇帝”是非常崇高的称号，这一称号历史悠久，你知道这一称号的来历吗？秦国统一中国后，秦王嬴政自认为“德高三皇，功盖五帝”，为表示其地位的崇高无比，采用三皇之“皇”、五帝之“帝”构成“皇帝”的称号，并由此确立整套与皇帝相关的制度。三皇五帝是中国在夏朝以前出现在传说中的“帝王”，他们都是部落首领，由于实力强大而成为部落联盟的领导者。

揭竿而起

故事导航

秦朝末年，赵高把持朝政，人民生活艰辛，怨声载道，奉命前去戍守渔阳的陈胜和吴广带领戍边的队伍发动起义，动摇了秦朝的统治。

公元前 210 年，秦始皇病死在东巡的路上，奸臣赵高假传秦始皇的遗诏，让胡亥继承皇位，胡亥便是秦二世。

胡亥虽然当上了皇帝，可是大权实际上掌握在赵高手里。赵高为人阴险毒辣，专横跋扈，搅得全国上下怨声载道，人们都对他恨之入骨。公元前 209 年，一批九百人的壮丁队伍被押送到渔阳（今北京密云西南）去防守，陈胜、吴广二人担任屯长职务，带领这支队伍。当队伍走到大泽乡（今安徽宿州东南）时，遇上连绵大雨，队伍无法继续前进，只好暂时驻扎下来。

雨越下越大，道路和桥梁被大雨冲毁，队伍已经不能按期到达守卫的地点。当时法令很严苛，队伍若不能如期赶到渔阳，所有人都要被杀头。夜里，陈胜对吴广说："如今逃跑也是死，举事起义也是死，同样都是死，为国事而死可以吗？"二人商量了一番，决定起义。为了号召大家，他们利用当时大多数人都迷信鬼神的特点，想出一条计策。

他们拿来一块白绸布，用朱砂在上面写上“陈胜王”三个大字，塞进一条鱼的肚子里。有兵士买来这条鱼剖开，发现了绸布，感到十分惊奇。陈胜又暗中派吴广到驻地附近一座草木丛生的古庙里，半夜时点起一堆篝火，模仿狐狸的声音叫喊：“大楚兴，陈胜王。”大伙都听得又惊又怕。第二天，大伙都对昨晚发生的事议论纷纷，并指指点点，互相以目示意看着陈胜。

有一天，押送队伍的将尉喝得酩酊大醉，吴广故意多次说要逃走来激怒将尉，惹他来侮辱自己，以此来激怒戍卒们。将尉果然把吴广打了一顿，还拔出宝剑要杀吴广。吴广夺过宝剑杀死了将尉，这时，陈胜也赶来了，他们一起杀死了两个将尉。

陈胜和吴广趁机号召大家，陈胜说：“大丈夫岂能白白去送死？王侯将相难道是祖传的吗？”在陈胜、吴广的号召之下，大伙齐声高喊：“对！我们听您的！”于是，大伙筑坛盟誓，用将尉的头祭祀上天。陈胜自立为将军，吴广担任都尉。起义军首先占领了大泽乡。接着，附近的老百姓也纷纷拿起铁锹、锄头参加了起义队伍。

起义队伍壮大了，没有刀枪和旗帜，他们就砍下树枝做刀枪，削了竹竿做旗杆，建立了一支庞大的农民起义军。

·读一读　查一查·

秦始皇陵

秦始皇陵位于陕西西安临潼城东五千米处的骊山北麓，是中国历史上第一座规模庞大、设计完善的帝王陵寝。它有内外两重夯土城垣，象征着都城的皇城和宫城。陵冢位于内城南部，呈覆斗形。据史料记载，陵中还建有各式宫殿，陈列着许多奇珍异宝。陵寝内部分布着大量形制不同、内涵各异的陪葬坑和墓葬，其中包括举世闻名的“世界第八大奇迹”兵马俑坑。秦始皇陵是世界上规模最大、结构最奇特、内涵最丰富的帝王陵墓之一。

·读一读　悟一悟·

胡亥坐上帝王宝座之后，朝政被赵高把持。秦朝统治者实行残暴的统治，终于激起陈胜、吴广领导的农民起义。

韩信甘受胯下之辱

故事导航

秦朝末年，韩信加入起义军的队伍，受到萧何的赏识并推荐给刘邦，得到刘邦的重用，但是功成名就后被刘邦杀死。“胯下之辱”说的就是他年轻时候的故事。

韩信是中国古代一位著名的军事统帅，他出身贫贱，从小就失去了双亲。建立军功之前的韩信，既不会经商，又不愿种地，家里也没有什么财产，过着穷困且备受歧视的生活，常常是吃了上顿没下顿。他与当地的一个小官有些交情，于是常到这位小官家中去蹭吃蹭喝。可是时间一长，小官的妻子对他很反感，便有意提前吃饭的时间，等韩信到时已经没有饭了。于是韩信很恼火，就与这位小官绝交了。

为了生活下去，韩信只好到当地的淮水边去钓鱼，有位洗衣服的老人见他没饭吃，便把自己带的饭菜分给他。这样一连几十天，韩信深受感动，便对老人说:“总有一天我会好好报答您的。”老人听了很生气，说:“你是男子汉大丈夫，不能自己养活自己，我看你可怜才给你饭吃，谁还希望你报答我！”韩信听了很惭愧，立志要做出一番事业来。

在韩信的家乡淮阴城，有些年轻人看不起韩信。有一天，一个少年看到韩信身材高大却常佩带宝剑，以为他胆小，便在闹市里拦住韩信，说:“你要是有胆量，就拔剑刺我；如果是懦夫，就从我的裤裆下钻过去。”围观的人都知道这个人是故意找碴羞辱韩信，不知道韩信会怎么办。只见韩信想了好一会儿，一言不发，就从那人的裤裆下钻过去了。当时在场的人都嘲笑韩信，认为韩信是一个胆小怕死、没有勇气的人。这就是后来流传下来的“胯下之辱”的故事。

其实韩信是一个很有谋略的人。他看到当时社会正处于改朝换代之际，于是专心研究兵法，练习武艺，相信自己会有出头之日。公元前209年，反对秦朝统治的农民起义爆发了，韩信先后加入项梁、项羽的军队，没有得到重用，就又投奔到刘邦的军队当中。最初，韩信只是做了一个管理粮草的小官，很不得志。后来他认识了刘邦的谋士萧何，两人经常讨论时势和军事。萧何发现韩信是一个很有才能的人，于是极力向刘邦推荐他，最终韩信受到刘邦的重用。

公元前 205 年，刘邦在彭城被西楚霸王项羽打得大败，损失兵将十多万。韩信临危受命，在京索（今河南荥阳南部）成功地抵御住楚军的进攻。八月，刘邦命韩信率领军队攻打魏王豹。韩信使用偷袭战术，直捣魏国后方重镇安邑（今山西运城），大胜魏国军队，活捉魏王豹。之后，韩信又率领大军先后打败赵、齐等国，并在垓下和楚军展开激战，彻底消灭了楚军，逼得项羽最后自杀身亡。

韩信精通兵法，且用兵巧妙，助刘邦统一了天下，为建立汉王朝立下了汗马功劳。但韩信在功成名就之后，居功自傲，被刘邦所疑惧。因此，刘邦先是剥夺了他的兵权，封他为楚王，之后又贬他为淮阴侯。汉高帝十一年正月，吕后等以谋反罪将韩信诛杀。韩信一生编有《韩信兵法》三部，可惜都已失传。他的用兵之道，为历代兵家所推崇效仿。

·读一读　查一查·

萧何月下追韩信

韩信多次与萧何谈论，为萧何所赏识。刘邦至南郑途中，韩信思量自己难以受到刘邦的重用，中途离去，被萧何发现后追回，这就是小说和戏剧中的“萧何月下追韩信”。后来刘邦采纳萧何建议，择选吉日，斋戒，设坛场，拜韩信为大将。从此，刘邦文依萧何，武靠韩信，举兵东向，争夺天下。

·读一读　悟一悟·

韩信为了远大目标，甘愿受胯下之辱，后来终于得到刘邦的重用，成就了一番事业，真是大丈夫能屈能伸。

·小小资料库·

中国古代怎样传送紧急军事情报?

我们现代有快递公司可以帮我们传送紧急文件，那么在古代当战场上出现紧急情况时该怎样传递消息呢？普通邮驿制度是从秦代开始的，到宋代，由于战争频繁，军事紧急文件很多，要求既快又安全，因而将由民夫充任的驿卒改由士兵担任，增设“急递铺”，设金牌、银牌、铜牌三种，金牌一昼夜行五百里，银牌四百里，铜牌三百里。实行每到一站换人换马接力传递。到了元代，由于军事范围和疆域扩大，仅在国内就有驿站一千多处，并将邮驿改称为“驿站”。

汉朝

一、十分钟了解汉朝

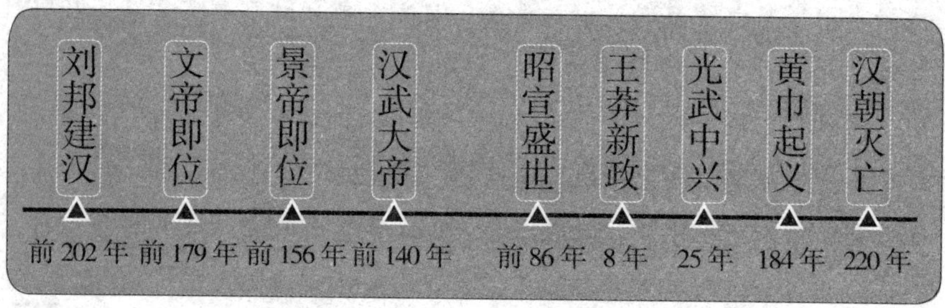

汉高祖刘邦至汉景帝刘启时期的汉朝，经济实力缓慢上升，成为东方第一大帝国，与西罗马并称两大帝国。而到汉武帝时期，汉朝已经成为世界上强大的帝国之一，匈奴帝国战败而向西狼狈逃遁，中亚和西域各大国也都闻而惧之。张骞出使西域首次开辟了著名的“丝绸之路”，打通了东西方贸易的通道，中国从此成为世界贸易体系的中心，而这一直延续到一千多年后蒙古人的崛起。正是因为汉朝的声威远播，外族开始称呼中国人为“汉人”，而汉朝人也乐于这样称呼自己，“汉”从此成为伟大的华夏民族的永远的名字。

1. 文景之治

文景时期，重视“以德化民”，当时社会比较安定，百姓也富裕起来。到景帝后期时，国家的粮仓充实起来了，新谷子压着陈谷子，一直堆到了仓外；府库里的大量铜钱，多年不用了，穿钱的绳子都烂了，散钱多得无法计算。历史上称这一时期的统治为“文景之治”。

2. 光武中兴

汉朝宗室刘秀在鄗县之南即位，是为光武帝，沿用汉的国号，以当年为建武元年，定都洛阳，史称东汉。于 36 年终于消灭割据势力，实现全国统一。汉光武帝废除王莽时的弊政，加强中央集权，对外戚严加限制。由于社会安定，所以那段时期被称为“光武中兴”。

3. 黄巾起义

东汉末年，社会危机日益加剧，广大农民与豪强地主及封建统治者的矛盾激化。张角创立太平道，向农民传播教义，开始进行有组织、有准备的全国性农民起义，因起义军头戴黄巾为标识，所以史称“黄巾起义”。汉朝政府经此起义国力大减，终至灭亡。

二、汉朝之最

1. 最早使用年号的皇帝

汉武帝是中国历史上第一位使用年号的皇帝。公元前 113 年，汉武帝以当年为元鼎四年，并追改以前为建元，元光，元朔，元狩，每一年号延续六年。

2. 最神奇的将军

元朔六年，未满十八岁的霍去病主动请缨随卫青讨伐匈奴，以八百轻骑歼灭敌人两千。此后又几次攻打匈奴，收河西，封狼居胥山，皆大胜回师，灭敌十一万，降敌四万，开疆拓土，并留下“匈奴未灭，何以家为”的名句佳话。对于整部世界军事史和中国史来说，霍去病都是彪炳千秋的传奇。

3. 最伟大的史学家

司马迁从小立志做一个伟大的史学家，并为此行千里路，读万卷书，即使身受奇耻大辱的腐刑也忍辱负重，发愤著书，终于写成被鲁迅誉为“史家之绝唱，无韵之离骚”的中国历史上第一部纪传体通史《史记》，留下了“人固有一死，或重于泰山，或轻于鸿毛”的千古名句。

三、故事精选

汉高祖刘邦

故事导航

秦朝末年，刘邦率领的起义军率先入关，推翻了秦朝，又打败了项羽，建立了西汉。

西汉高祖刘邦，秦朝泗水郡沛县（今江苏沛县）人，是中国历史上第一位出身下层社会的皇帝，他白手起家，得了天下。

刘邦的父亲刘太公是个地道的农民，母亲是个家庭主妇。刘太公从小就不喜欢刘邦，认为他游手好闲，好吃懒做，不务正业，是个不成器的家伙。尽管刘邦出身寒门，而且家乡人多看不起他，但他却自幼胸怀大志，想要建立像秦始皇那样的功业。但是直到三十多岁，他才做了一个小小的泗水亭长。亭长是维护治安、追捕盗贼、管理交通、接待过往官差的小官。泗水亭离县城很近，因此刘邦与县吏萧何、曹参、夏侯婴等都有交往。在与这些人交往的过程中，刘邦增长了见识，萧何等人也成为他在秦末乱世中起事的骨干力量。

后来，刘邦奉命押送刑徒去骊山服役，但在半路上有很多人逃跑了。刘邦很无奈，走到丰邑休息时，他喝了些酒，然后松开了刑徒们身上的绳子，让他们自己逃命去。但有十几个人不愿意丢下他一个人走，都表示愿意跟着他。刘邦便带领大家逃亡，前面负责开路的人回来告诉他有条大蛇拦住了去路，没法通行。刘邦喝得有点醉了，训斥道："我们这些勇猛之士行路，有什么好害怕的！"他分开众人，自己走到前边，见一条蛇横在路中间，便拔出宝剑将蛇拦腰斩断。又走了一段路后，刘邦觉得头昏，便躺在路旁休息，也等等后边的人。一会儿，后边的人赶了上来，对他说在路旁看见一个老太太在哭，问她原因，她说有人把她的儿子杀了；又问为什么被杀，她说她的儿子是白帝的儿子，刚才变成蛇，在路边被赤帝的儿子杀了，所以她才如此难过。大家当时觉得老太太在说谎，但老太太忽然就不见了。刘邦听了，心中暗喜，以后便借此来提高自己的威信和地位。

由于这些传说，刘邦在当地的威信逐渐提高，跟随他的人也就多了起来，他被当地人称为豪杰。公元前 209 年，陈胜、吴广起义后，刘邦与沛县的萧何等人里应外合，杀了沛县县令，起兵响应，转战丰、沛等地，刘邦被推举为沛公。次年，他率兵西进，军队纪律严明，所过之地秋毫无犯。公元前 206 年，他率先入关（此处的"关"指函谷关，位于河南灵宝东北，是进入关中的战略要地），推翻了秦朝的统治。接着，项羽入关，刘邦在鸿门宴上委曲求全。项羽自称西楚霸王，分封了十八个诸侯王。刘邦被封为汉王，占有巴蜀和汉中。同年，刘邦明修栈道，暗度陈仓（今陕西宝鸡东），占领关中，与项羽展开了历时四年的楚汉战争。公元前202年，刘邦在垓下（今安徽固镇东北沱河南岸）与项羽决战，项羽战败，在乌江边自刎而死。

公元前202年，刘邦即皇帝位，定都长安，创立了汉朝，史称西汉。

·读一读　查一查·

明修栈道，暗度陈仓

为了迷惑章邯，韩信表面上派兵修复栈道，装作要从栈道出击的姿态，实际上却和刘邦统率主力部队，暗中抄小路袭击陈仓，趁章邯不备取得了胜利。这就叫作“明修栈道，暗度陈仓”。这也是三十六计之一，后人用这个成语比喻迷惑对方以取得胜利。

·读一读　悟一悟·

尽管刘邦出身寒门，而且家乡人多看不起他，但他却自幼胸怀大志，一心想成为一代伟人，建立像秦始皇一样的功业。功夫不负有心人，经过一番努力，他终于如愿以偿。

司马迁和《史记》

故事导航

汉武帝时期，史官司马迁因为替“飞将军”李广之孙李陵在皇帝面前辩护，受到腐刑，但是他忍辱负重，凭借自己多年的历史研究，终于写成我国第一部纪传体通史《史记》。

司马迁，字子长，西汉时期杰出的史学家和文学家。

约公元前145年（一说前135年），司马迁出生于夏阳（今陕西韩城南）的一个史官世家，他的祖先曾做过几代史官。司马迁出生时，他的父亲司马谈没有做官，生活在龙门附近的农村。

司马谈对儿子抱有极大的期望，所以对司马迁的教育格外用心，亲自对儿子进行启蒙教育。

幼年的司马迁聪明懂事，他每次出门放牛的时候，父亲一定要他带一册竹简。父亲总会叮咛他：“不要贪玩，昨天晚上教你的字，一定要记牢！”司马迁牵过缰绳，把竹简轻轻地往牛背上一搭，竹简便平稳地垂挂在牛背两边，他朝父亲笑笑，走向田野。

司马迁一个人的时候，就一边看着牛吃草，一边在地上反复地练字。如果碰到有伙伴凑在一块时，他就跟小朋友们一起玩。有时候，他教小朋友们认字，像日、月、牛、羊、草、鱼等，这也是他们游戏的一种。所以不管比他大还是小的孩子，都跟司马迁相处得很愉快，也不觉得这个牛背上挂着竹简的同伴有什么奇怪的，倒是佩服他能认得出也写得出这么多好看而有趣的字来。

后来，司马迁的父亲司马谈来到长安做太史令，司马迁也随父亲来到这里。司马谈不是一个庸俗的官僚，他对自己卑微的史官职位抱有崇高的理想，他对历史论著抱有宏愿，并将这著史的理想寄托在他的儿子司马迁身上，希望儿子能成为自己事业的接班人。司马迁“十岁则诵古文”，他父亲又请当时赫赫有名的儒学大师孔安国和董仲舒指教爱子。

于是，年纪轻轻的司马迁便已是通晓历史学问的青年学者了。据说，司马迁极富钻研精神，一次他在研究一段历史时，发现几本书的记载都不一样，他便收集了许多材料研究，最后肯定《尚书》的记载是正确的。

司马迁从《尚书》中了解到他的故乡有一个“鲤鱼跃龙门”的神话：只要坚持勇敢地不断向上冲，一跃过黄河那道数十丈高的龙门急湍，就能化身为龙，悠然遨游在彩霞之间。可是，如果没跃过去呢，就还是黄河里的一尾鲤鱼罢了，迟早不是落入渔人的巨网，便是误食金钩，成为钓客的美食。司马迁从那时起便盼望着自己有一天能跃过龙门，成就一番事业。

约公元前 126 年，司马迁开始漫游大江南北。他从京师长安出发，南下至江陵，渡江辗转到汨罗江凭吊屈原；沿湘江溯流而上，探访九嶷山，瞻仰帝舜陵墓，观看有关的文物和书册；到过现在的浙江会稽山，考察有关大禹的传说；北上到淮阴，深入街巷，探访韩信的事迹；又到齐鲁之地，搜集有关孔子、孟子的逸事，为了进一步研究儒家的学说，司马迁虚心地向当地的老儒们请教；又到秦汉之际那些风云人物的故里访问，对楚汉相争的战场进行实地考察，搜集了大量史料。

司马迁通过实地考察和民间访问，印证了许多历史文献和传闻，如传说中孟尝君"好客自喜"，很喜欢招募天下各种人才，包括鸡鸣狗盗之徒。司马迁到薛地时，发现当地有很多顽劣子弟，与邹、鲁等地很不相同。当地居民告诉司马迁，孟尝君到薛地时，带了六万余名任侠来，他才相信孟尝君确实"好客自喜"。为弄清"夷门"是什么，司马迁问居民、访遗址，经过实地勘察，细心求证，终于弄清夷门就是大梁城的东门。正是由于司马迁这种求实精神，他著的《史记》才成为"实录"之作。

公元前 99 年，汉武帝派李广利率军攻打匈奴右贤王，李陵为后方辎重官。不料李陵所率的五千步兵被匈奴数万骑兵包围，又得不到支援，李陵投降了敌人。李广利本无将才，虽未遇到匈奴主力，也被打得落花流水。好大喜功的汉武帝非常生气，一些阿谀之徒不敢得罪李广利，将责任都推到李陵身上。正直的司马迁为李陵鸣不平，直言辩护了几句，汉武帝却认为他在为李陵开脱而贬损李广利。于是在公元前 98 年，司马迁以诬罔主上的罪名被判处死刑。

汉代法律规定，犯罪的人可以交五十万钱赎死，或受腐刑免死。司马迁家境并不宽裕，他只有两种选择：死或受腐刑。生死之间，他千思万虑，为免受侮辱，最好选择死去，但不写完《史记》，他是死不瞑目的。

于是他决定忍受这奇耻大辱。这次灾难给他的打击是致命的，司马迁痛不欲生。但每当轻生之念萌生之时，司马迁就想到父亲的遗愿。为完成“究天人之际，通古今之变，成一家之言”的《史记》，司马迁以血和泪日复一日地默默工作。

公元前96年，司马迁出狱，汉武帝任命他为中书令。中书令是一个离皇帝很近的官，掌管政府的机要事务，这引起很多人的不满。面对这些，司马迁毫不在意，他除了发愤写作外，对其他事情一概不闻不问。

后来，司马迁终于完成了《史记》。全书一百三十篇，共五十多万字，系统地叙述了汉武帝以前约三千年间各色各样人物活动的历史，包含政治、经济、军事、伦理、道德、文学、艺术、科学、宗教等各个方面的内容，叙述生动，展示了大量光彩夺目的历史人物形象。《史记》成为我国文学和史学上极为重要的著作。

司马迁是为《史记》而活着的，《史记》完成后不久，司马迁就逝世了。《史记》原称《太史公书》，是我国第一部纪传体通史，它的编写体例和方法都为后世史学家所尊崇和继承。司马迁的光辉之处不仅在于他写出了《史记》，更在于他立志高远、坚持实录的写作精神。他的名字将伴随《史记》永垂不朽。

·读一读　查一查·

纪传体

史书的一种体裁，是以本纪、列传人物为纲，时间为纬，反映历史事件的一种史书编纂体例。纪传体史书的突出特点是以大量人物传记为中心内容，是记言、记事的进一步结合。从形式上看，纪传体是本纪、世家、列传、书志、史表和史论的综合。

·读一读　悟一悟·

读书时，司马迁每次遇到疑问都要刨根问底，甚至不远千里进行实地考察，他这种执着的探究精神正是我们在学习中需要发扬的。

刘秀建东汉

故事导航

王莽执政末年，天下大乱，刘玄称帝，后被赤眉军推翻，刘邦的九世孙刘秀带领的起义军赶跑赤眉军，定都洛阳，建立东汉，再次统一中国。

刘秀（前5年—57年），是汉高祖刘邦的九世孙。他家在五世时封侯湖北春陵，后迁至南阳郡，家道日渐衰落，到刘秀一辈已没落为农村的一个普通大户人家。

王莽执政后期，连年灾荒，各地义军揭竿而起，天下大乱。地皇三年（22 年）十月，刘秀和哥哥刘縯同时起兵。23 年，绿林军拥护刘玄称帝，刘縯任大司徒。同年，刘秀和绿林军联合作战，在昆阳大战中消灭了王莽主力，立了大功。刘縯也打下了宛城，兄弟二人的名声就越来越大了。已经被拥立为更始皇帝的刘玄进驻宛城，把宛城作为更始政权的临时首都。更始帝刘玄怕刘秀兄弟势力强大起来会威胁自己的皇帝宝座，于是找了个借口把刘縯杀了。

这时，刘秀正在别处，听说哥哥被刘玄杀了，内心又悲愤又恐惧。他知道自己的势力敌不过更始帝，就立刻赶到宛城，向刘玄谢罪。有人问起他昆阳大战的情形，他也一点不居功，说全是将士们的功劳，还把许多错误都揽在自己身上。他对刘玄也是百依百顺。

更始帝刘玄以为刘秀不记他的仇，反倒有点过意不去，拜刘秀为破虏大将军，但是仍然不敢重用，后来又把他派到河北去了。没想到，刘秀到了河北，不仅保全了自己，而且得到了一个扩大势力的机会。

王莽的新朝政权被推翻以后，黄河以北的地主势力害怕农民起义的烈火燃烧到他们那里，纷纷组织起了地主武装。他们见刘秀到来，就都前来归附。刘秀到了以后，废除了王莽时期的一些苛刻法令，释放了一些囚犯，一面消灭一些割据势力，一面镇压河北各路起义军。这样，刘秀的势力逐渐壮大起来，在黄河以北站稳了脚跟。

25 年，刘秀和他的随从官员认为时机成熟，刘秀便自立为皇帝，重建汉政权，不久定都洛阳。因为洛阳在长安的东边，所以历史上称刘秀建立的汉朝为东汉，又叫后汉。刘秀是东汉第一个皇帝，历史上称他为汉光武帝。

而进入长安的更始帝却以为自己的江山已经坐稳，整日在宫中饮酒作乐，不理朝政。赤眉军的首领樊崇率领三十万人进攻长安，推翻了更始政权。

赤眉军进入了长安，声势浩大，长安城里的老百姓扶老携幼、成群结队地来到街上对他们表示欢迎。可是，几十万将士的口粮成了个大问题。富商和地主趁机囤积粮食，结果长安陷入一片混乱之中，天天都有人饿死。

建世二年（26 年），赤眉军因饥荒退出长安。次年，富有政治斗争经验的刘秀派大将一路打来，最终迫使赤眉军投降。

刘秀镇压了农民起义军后，又消灭了陇右和蜀地的两个割据政权。东汉王朝建立后，经过十二年的努力，刘秀终于消灭群雄，结束了四分五裂的局面，最终统一了天下。

·读一读　查一查·

王莽政权

王莽是汉元帝皇后王政君的侄子，王莽的女儿是汉平帝的皇后。汉平帝被毒死，王莽自称假皇帝。次年立年仅两岁的刘婴为太子，号“孺子”。居政二年有人不断借各种名目劝王莽称帝。初始元年王莽接受孺子婴禅让后称帝，改国号为新，改长安为常安。开中国历史上通过符命做皇帝的先河。天凤四年（17年）各地农民纷纷起来反抗，形成赤眉、绿林大起义。地皇四年（23年）绿林军攻入长安，混乱中他为商人杜虞所杀，新朝灭亡。

·读一读　悟一悟·

刘秀在哥哥被杀后并没有急于报仇，而是不动声色，默默养精蓄锐，最后不仅避免了杀身之祸，而且成为一代君主，不愧是识时务的英雄豪杰。

造纸术的改进

故事导航

汉章帝时期，聪明好学的太监蔡伦深感没有简易的文字载体的不便，他不断向周围的老百姓学习，最后改进造纸术，为文化的交流和传播做出了卓越的贡献。

造纸术发明以前，人们写字主要写在竹片或木片上。写一篇比较长的文章，就需要许多竹片或木片。

汉朝以前，人们还用帛写字，帛比竹木轻便，但是很贵。西汉时期，我国劳动人民开始用丝絮制成纸，这是造纸术的开端。由于丝絮价格昂贵，人们不断寻找便宜的原料造纸，经过实践，又采用麻纤维造纸。20 世纪，在西安灞桥西汉墓中发现了用麻做原料的纸片，就是对这一事实的有力佐证。到东汉时，蔡伦又对造纸术做了重大改进。

蔡伦，字敬仲，桂阳（治今湖南郴州）人。蔡伦出生于湖南一个农家，家里十分贫穷。汉章帝建初年间，迫于生计，蔡伦入宫当了太监。

进入宫中，蔡伦从小黄门做起，天天要侍候皇帝和皇室成员，忍受大太监的责骂，小心谨慎地效劳，不敢有半点马虎。经过不断努力，他逐渐得到了皇帝的信任，就这样，蔡伦一步步得到高升。

在长期的宫廷生活中，蔡伦深感没有简易的文字载体的不便，他下决心要解决这个问题。

后来蔡伦担任了尚方令这一官职。尚方令专门负责管理皇宫里面使用的器物。

蔡伦很有才能，并且能够深入百姓，向百姓学习。他是个有心人，经常到田野和河边走访，观察河边妇女们洗蚕丝和抽丝漂絮的过程。他发现好的蚕丝拿走后，席上会留有薄薄的一层残留物，有人把它晒干用来糊窗户，包东西，也有人用来写字。他还到造纸的作坊向造丝絮纸的工匠们请教，逐渐深入地了解和掌握了造纸的基本方法。

蔡伦深知，只有选用更多造纸材料，改进造纸的技术和方法，才能造出既经济又实用的纸张，提高纸的实用性。

当时，蔡伦注意到，劳动人民的衣服大都用麻料制成，他们沤麻时，像洗絮一样，最后也会在篾席上残留一些薄膜。蔡伦想：

如果麻纤维也能造纸，那造纸的材料来源问题不就解决了吗？

于是，蔡伦和很多能工巧匠一起搜集材料（树皮、麻头、破布、废渔网等），再把它们捣碎捣烂，做成纸浆；然后使用“漂絮”的方法，用席子捞取纸浆，捞出的纸浆在席子上形成薄薄的一层，晒干后就成了纸。

在造纸的过程中，他们不断总结和改进，使生产技术不断提高，生产程序也日渐完善和成熟。有了丰富的材料来源和比较容易掌握的生产方法，造纸业得到了极大的发展。

121 年，蔡伦由于宫廷斗争而被治罪。蔡伦不愿去受审，于是自杀了。

·读一读　查一查·

竹简

战国至魏晋时代的主要书写材料，是削制成的狭长竹片（也有木片），竹片称“简”，木片称“札”或“牍”，统称为“简”，现在一般说竹简。均用毛笔墨书，字写错了，涂改便只能用小刀刮去重写，写成文的竹简还需用绳子或牛皮条将其按顺序穿起来。

·读一读　悟一悟·

蔡伦善于观察生活，发现生活中的需求，并从老百姓的生活中汲取知识和经验，最后改进了造纸术，他真是个生活中的有心人。

一代医圣——张仲景

故事导航

汉灵帝时期，张仲景由于其品德和才华被举孝廉，后来不甘于官场争斗，辞官专心研究医术，写成了著名的《伤寒杂病论》，为我国的医学发展做出了很大的贡献。

东汉时期名医张仲景，是我国古代医药史上杰出的人物之一，被后人称为“一代医圣”。

张仲景，东汉南阳郡（治今河南南阳）人。当时政治腐败，军阀混战不休，瘟疫流行。

据史书记载，东汉桓帝时大疫三次，灵帝时大疫五次，献帝建安年间疫病流行更甚。成千累万的人被病魔吞噬，以致造成了十室九空的空前劫难。

南阳地区当时也接连发生大瘟疫，许多人因此丧生。张仲景的家族本来是个大族，人口多达二百余人。自从建安初年以来，不到十年，有三分之二的人因患疫症而死亡，其中死于伤寒者竟占十分之七。

面对肆虐的瘟疫，张仲景内心十分悲愤。对此，张仲景痛下决心，潜心研究伤寒病的诊治，一定要制服伤寒症这个“瘟神”。

张仲景年少时随同郡张伯祖学医，由于他聪颖博达，旁学杂收，长进很快。不过几年就学到了师傅的医术，擅长治疗，尤其精通方术。

一天，来了一位唇焦口燥、高热不退、精神萎靡的病人。老师张伯祖诊断后认为是“热邪伤津，体虚便秘”所致，需用泻药帮助病人解出干结的大便，但病人体质极虚，用强烈的泻药恐身体受不了。张伯祖沉吟半晌，一时竟没了主张。张仲景站在一旁，见老师束手无策，便开始动脑筋思考。忽然，他眉宇间闪现出一种刚毅自信的神情，他疾步上前对老师说：“学生有一法子！”他详细地谈了自己的想法，张伯祖听着听着，紧锁的眉头渐渐舒展开来。

张仲景取来一勺黄澄澄的蜂蜜，放到一只铜碗里，就在微火上煎熬，并不断地用竹筷搅动，渐渐地把蜂蜜熬成黏稠的块。等它稍冷了，张仲景便把它捏成一头尖的细条形状，然后将尖头朝前轻轻地塞进病人的肛门。不一会儿，病人拉出一大堆腥臭的粪便，病情顿时好了一大半。由于热邪随粪便排净，病人没过几天便康复了。张伯祖对这种治法大加赞赏，逢人便夸。这恐怕就是世界上最早使用的药物灌肠法了。

到了东汉灵帝刘宏执政时，张仲景被推举为孝廉。献帝建安中期，当上了长沙太守。张仲景十分关心民众疾苦，每月逢初一、十五，大开府门，在公堂上为老百姓诊病，久而久之，便成了惯例。

由于困惑于当时的形势，张仲景不愿意在官场上角逐，便辞退官职，专心致力于医学研究。张仲景凭着自己的天赋和勤奋，凭着对医学的执着的探求和敏锐的感受，勤求古训，博采众方，深入实践，辨证施治，破除迷信，勇于创新，获得了源源不断的知识，成为一代名医。

张仲景得到先秦医书，如获至宝，认真钻研。他反复研读《素问》《灵枢》《八十一难》《阴阳大论》《胎胪药录》等医学著作，从中吸取前人的宝贵经验。

张仲景长年奔波于患者之间，为民治病，积累了许多临床经验。在京都的时候，因为他是很有名望的医生，来求诊的病人很多，有时应接不暇。他常常能准确判断人的生死，屡试不爽，所以人们称他是“扁鹊再世”。

具有超人才智的张仲景不仅借鉴别人的经验为病人治病，而且有所发明和创造。张仲景煎干蜂蜜制成“药锭”，畅通大便；采用人工呼吸施救病人，也成为了现代医学的常用手段。在临床实践中，张仲景创立了汗、吐、下、和、清、温、补、消八法，其中除吐法现在很少采用外，其余七法一直在中医临床上沿用。

张仲景在晚年完成的《伤寒杂病论》，成为我国中医经典著作之一，极大地丰富了我国的临床医学理论。在《伤寒杂病论》中，张仲景用唯物主义的观点精练透彻地说明了人类致病的原因，论述了致病的内在和外在的相互关系。他指出：“千般灾难，不越三条。”在这里，张仲景以人体内部器官机能的变化、外邪的入侵、物理因素等原因作为病因，提出了病因来自内因、外因及不内外因的三因说。在一千七百多年前，能够如此详述疾病的原因是极其难能可贵的。

张仲景还提出“治未病”，即防病于先的医学思想。他认为人体健康与否和能否适应外界环境有很大关系，强调加强锻炼、注意饮食卫生、保持良好生活习惯，可预防多种疾病。而一旦生病，应立即诊治。

张仲景的医学实践和理论，是中国古代医学史上的里程碑。他的《伤寒杂病论》，在中国医药学史上占有特殊地位。

·读一读　查一查·

举孝廉

举孝廉是汉代发现和培养官吏预备人选的一种方法。察举孝廉，为岁举，即郡、国每一年都要向中央推荐人才，并有人数限定。它规定每二十万户中每年要推举孝廉一人，由朝廷任命官职。被举之学子，除博学多才外，更需孝顺父母，行为清廉，故称为“孝廉”。在汉代，“孝廉”已作为选拔官员的一项科目，没有“孝廉”品德者不能为官。

·读一读　悟一悟·

张仲景不贪图富贵，辞别官场，专心研究医术，他这种淡泊名利、潜心向学的品质让人敬佩。

黄巾军起义

故事导航

东汉末年，汉灵帝骄奢淫逸，卖官鬻爵，老百姓不堪忍受朝廷的统治，纷纷起义，最有名的就是黄巾军起义，虽然起义最后失败了，但是却动摇了东汉统治的根本，加速了它的灭亡。

东汉经过几代外戚和宦官的折腾，国库里的钱早就花得差不多了。

汉灵帝终日只知道荒淫挥霍，靠卖官鬻爵来敛钱。买官的人上任后，大肆搜刮民脂民膏。本来当时就连年灾荒，粮食歉收，这么一来，老百姓更苦了。实在没法活下去，各地农民就起义了。

最先起义的是会稽人许生，他在句章（今浙江余姚东南）举兵。几天工夫，参加起义的贫苦农民就有一万多人。过了不久，冀州巨鹿（今河北平乡西南）张家三兄弟也领着老百姓起来造反。这三兄弟是张角、张宝、张梁，都有本事。张角读过书，懂得医道，给穷人看病还不要钱。他看到农民们都盼望能安心生产，过太平日子，就创立了一个教门，叫太平道。大约过了十年，太平道传遍了青州、徐州、幽州、冀州、荆州、扬州、兖州、豫州，教徒发展到几十万人。这八个州的老百姓没有不知道太平道的。各地的官吏也认为太平道是劝人为善、给人治病的教门，便没把张角他们放在心里。

张角看时机成熟了，就暗地里发动教徒们起来反抗朝廷。他用四句话作为暗号："苍天已死，黄天当立，岁在甲子，天下大吉。""苍天"就是指东汉王朝，"黄天"指太平道。他们约定在甲子年也就是184年发动起义，到那时就"天下大吉"了。

张角让他的弟子们秘密前往各地，在大街小巷、寺庙、官府，甚至城门，到处用白土写满了"甲子"两个字，作为起义的暗号。可就在这紧要的关头，内部出了叛徒，张角弟子马元义的助手唐周，向朝廷上书告了密，马元义没防备这一手，被逮捕杀害了，同时被杀的有一千多人。汉灵帝急忙下令捉拿张角兄弟。

到这时，张角只好通知各地提前起义。他自称为"天公将军"，张宝为"地公将军"，张梁为"人公将军"。没多少天的工夫，全国就有几十万农民起来响应。他们头上都裹着黄巾当作标记，起义军就叫"黄巾军"。

黄巾军攻打各地郡县，没收官府的财物，开仓放粮。各地的郡守、刺史急得连忙向汉灵帝告急。汉灵帝急得坐也不是，站也不是。他连忙让国舅何进做大将军，保卫京师；又派大臣卢植和皇甫嵩等各带兵马，分两路去攻打黄巾军。何进还请汉灵帝下令要各州郡加紧防备，对付黄巾军。这么一来，各地的郡守、刺史和地主、豪强都趁着讨伐黄巾军的机会，浑水摸鱼，招兵买马，扩大自己的地盘和势力。

黄巾军最初气势很猛，接连打下了好些郡县，杀了许多贪官污吏。可后来各地的官兵都打过来了，黄巾军的粮草和武器到底不如官兵的，准备又不足，便慢慢地败退了下来。这时候，天公将军张角因为劳累过度病死了。

张角一死，黄巾军失去了主心骨。接着张宝、张梁也都死在了战场上。这支农民起义军最后还是被镇压了下去。

黄巾起义虽然失败了，但终究有力地打击了东汉王朝，再加上各地豪强割据局面的形成，东汉王朝的腐朽统治已经名存实亡了。

·读一读　查一查·

太平道

张角以黄天为至上神，认为黄神开天辟地，创造出人类。又信奉黄帝和老子，认为黄帝时的天下是太平世界，是人类生活最美好的时期。在这个太平世界里，既无剥削压迫，也无饥寒病灾，更无诈骗偷盗，人人自由幸福。在此基础上，张角提出了“致太平”理想。这也是太平道的基本教义和宗教理想。

·读一读　悟一悟·

汉灵帝终日骄奢淫逸，卖官鬻爵，不顾老百姓的死活，最后终于导致人民的起义，所以古语说得好：得民心者得天下。

三国

一、十分钟了解三国

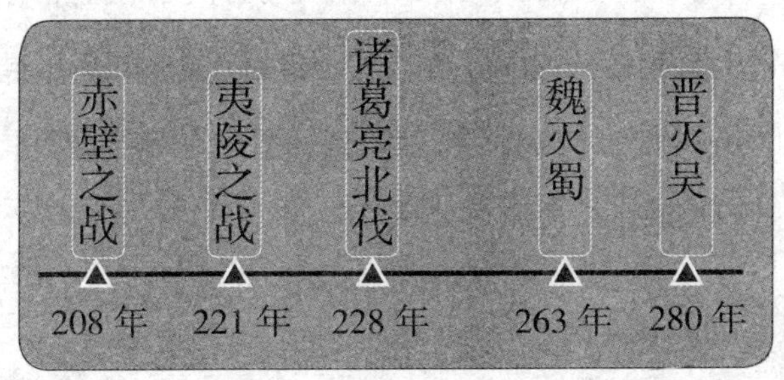

184年黄巾起义后，东汉开始失去政权实体，群雄割据纷争，东汉名存实亡。208年的赤壁之战初步奠定了三国鼎立的格局。220年，曹丕废汉献帝，在洛阳称帝建魏，东汉灭亡。此后刘备、孙权先后称帝做王，魏、蜀、吴三国鼎立局面正式形成。263年，蜀汉被曹魏所灭，三国时期结束。265年，司马懿之孙司马炎废魏称帝，建立晋朝，史称西晋。280年，西晋晋武帝灭东吴，统一南北。

1. 赤壁之战

208 年，曹操率兵二十余万挥师南下，妄图歼灭江东孙氏政权。孙权与刘备在诸葛亮、鲁肃及周瑜等人的努力下组成联军，史称“孙刘联军”。而后，“凤雏”庞统献连环计，东吴黄盖献苦肉计，曹操接连中计，孙刘联军在一东南风大作的夜晚发动急袭，点燃了连在一起的曹军船团，曹操大败而逃。这次战役奠定了三国鼎立的基础，是历史上以少胜多的著名战例之一。

2. 夷陵之战

221 年 7 月，孙吴方面暗取荆州，关羽被杀，刘备不胜愤怒，不顾诸葛亮、赵云等人劝谏，毅然率大军伐吴。刘备的错误行动，致使其被陆逊火攻，使蜀国国力大衰，且无力夺回荆州，形成三国鼎立的最后态势。

3. 诸葛亮北伐

226 年，魏文帝曹丕病死，曹叡即位，诸葛亮认为是北伐曹魏的机会。228 年春天，诸葛亮将大军进驻汉中，开始筹备北伐曹魏。诸葛亮上书《出师表》给刘禅，陈述出师的原因，表明统一中原的希望，拉开了五次北伐的序幕，但未取得重大胜利；而曹魏也曾发动反击战，但不成功。最后以诸葛亮积劳成疾，病逝五丈原告终。

4. 魏灭蜀

诸葛亮死后，蒋琬、费祎、董允等人相继为相，但他们都是因循守成而已。258 年以后，宦官擅权，政治腐败。姜维北伐，劳而无功。263 年，魏灭蜀之战开始，当年冬灭蜀。

5. 晋灭吴

司马氏以先灭蜀后取吴作为国策，而在灭蜀代魏后又忙于新朝定制，吴政权暂得延续。269 年，羊祜命王浚在益州筹建水师，并预定攻吴的军事方略。279 年冬，晋灭吴之战开始。280 年 3 月，攻下建业，孙皓降，吴亡。

二、三国之最

1. 最神机妙算的军师

他曾躬耕南阳却心怀天下，他的才华让刘备三顾茅庐，留下隆中对的佳话。他擅观天象，妙借东风火烧赤壁，巧用大雾草船借箭；他屡次施计，七擒孟获；他的足智多谋成为老百姓口中的传奇与神话，千载流传。他就是诸葛亮。

2. 最有才华的女子

她是大学者蔡邕的女儿，自幼饱读诗书，擅长音律。她在乱世中被匈奴掳到遥远的北方，在对家乡的思念中忍辱偷生，在悲凉的心境下写出了传世的琴歌《胡笳十八拍》，以及中国诗歌史上第一首自传体的五言长篇叙事诗《悲愤诗》。她就是蔡文姬。

3. 最神奇的英雄

他曾自告奋勇，温酒斩华雄；他曾不惧疼痛刮骨疗毒，其间谈笑自若；他曾千里走单骑，过五关斩六将，只为与兄弟相会。正因为如此，他死后备受民间推崇，一直是民间祭祀的对象，被尊称为“关公”；后来又被尊崇为“武圣”，与“文圣”孔子齐名。他就是关羽。

4. 最有贡献的医生

他是我国医学的外科鼻祖，发明的“麻沸散”是世界上最早的麻醉药；他性情爽朗刚强，淡于功名利禄，谢绝多人请他做官的请求，只愿做一个平凡的民间医生，以自己的医术来解除病人的痛苦；他乐于接近百姓，足迹遍及今江苏、山东、安徽、河南等地，发明了简便易行的五禽戏，深得百姓的信任和爱戴。他就是华佗。

三、故事精选

挟天子以令诸侯

故事导航

东汉末年，起义四起，汉献帝出逃，曹操趁势把汉献帝迎到了许城，借皇帝的名义号令天下，扩展自己的势力。

曹操（155 年—220 年），字孟德，小名阿瞒，沛国谯县（今安徽亳州）人。195 年，董卓部将李傕、郭汜在长安混战，外戚董承和一批大臣带着汉献帝逃出长安，回到洛阳。可是洛阳的宫殿早已被董卓烧光了，到处是残砖破瓦，荆棘野草。汉献帝及大臣们到洛阳后处境悲惨，住的地方仅能遮雨，最大的问题是没粮食吃，汉献帝到处求助，但无人理会。这时候，曹操正驻兵在许城（今河南许昌东），听到这个消息，立刻派出一支人马到洛阳去迎接汉献帝。汉献帝和大臣听说到了许城有粮食，都希望能早点迁都。

196 年，曹操把汉献帝迎到了许城，正式定都在那里，并在许都给汉献帝建立了宫殿，让献帝正式上朝。随后，曹操自封为大将军，开始用汉献帝的名义向各地州郡豪强发号施令。首先他用献帝的名义下诏书给袁绍，责备他地广兵多，只管扩大自己势力，攻打别的州郡，不来帮助朝廷。接着，曹操又用献帝的名义封袁绍为太尉，这就是历史上有名的“挟天子以令诸侯”。

曹操凭借着自己的智慧，慢慢地壮大了实力，成为一方霸主。

·读一读　查一查·

袁绍

袁绍（？—202年），字本初，东汉末年群雄之一。官至大将军、太尉，封邺侯，汝南汝阳（今河南商水西北）人。出身名门望族，自曾祖父起四代中有五人位居三公，自己也居三公之上，其弟袁术则称仲家皇帝，袁氏一族可谓“五世三公一帝王”。后至官渡之战，败于曹操。

·读一读　悟一悟·

汉献帝堂堂一个皇帝，却因为自己的荒淫无度落到无家可归、无粮可吃的地步，真是罪有应得。

英雄关羽

故事导航

三国时期，蜀国著名的大将关羽，武功高强，品德高尚，留下了很多流传千古的佳话，比如温酒斩华雄、刮骨疗伤等，被后人称为“武圣”。

关羽，字云长，本字长生，河东解县（今山西临猗西南）人。《三国演义》里提到，关羽因本地豪强倚势凌人，就将其杀死，之后逃难江湖，于184年黄巾起义时逃至涿郡（今河北涿州），遇到刘备在召集人马，便跟张飞一起追随刘备。《三国演义》里描写的关羽是“身长九尺，髯长二尺；面如重枣，唇若涂脂；丹凤眼，卧蚕眉”。大家都知道关羽所用的武器是青龙偃月刀，青龙偃月刀又名冷艳锯，重八十二斤。刘备、关羽、张飞三人是三国时期有名的异姓兄弟，关羽终日随同刘备，八方征战，不畏艰险。

关羽是三国时期武功数一数二的人物，在《三国演义》中，作者侧重刻画他神威勇武的一面，他先是对付黄巾军时斩程远志，后在汜水关前“温酒斩华雄”，虎牢关前战吕布，这些都是《三国演义》里精彩的部分。200年，刘备偷袭徐州，关羽杀死徐州刺史车胄，并驻守下邳，这便是《三国演义》里描写的“关公赚城斩车胄”。同年，曹操东征，击败刘备，关羽被俘。曹操对关羽十分敬重，拜他为偏将军。

200年，袁绍进军黎阳，派颜良在白马攻打刘延，曹操派关羽、张辽迎击颜良。关羽在万众之中斩杀颜良，取下他的首级回到阵中，袁绍诸将无一人敢阻拦。这一战可以说是历史上关羽的成名战，而在《三国演义》里，关羽早因“斩华雄、战吕布”闻名于诸侯，小说里“斩颜良、诛文丑”的情节不过是给关羽的勇武锦上添花而已。历史上，关羽在斩颜良后被封为汉寿亭侯，而后离开曹操投奔刘备去了。当然，《三国演义》中添加的“诛文丑”“过五关，斩六将”并不是真实的情况。

历史记载关羽曾被流箭射中，因箭头有毒，每逢阴雨天骨头便疼痛难忍。关羽接受医生的建议刮骨疗毒，并在动手术时举杯畅饮，谈笑自若。《三国演义》中关于这一段提到的是219年他攻打樊城时中了曹仁弓弩手的毒箭，由华佗进行医治。

219年，刘备自立为汉中王，封关羽为前将军，命其攻打曹仁守卫的樊城。曹操派于禁、庞德率领七军援助曹仁，结果在樊城北十里罾口川处被关羽水淹七军，于禁投降，庞德被关羽斩杀。自此，关羽威震华夏。曹操曾想避关羽锋芒而从许迁都（樊城是许的最后屏障），后因司马懿、蒋济力阻并建言鼓动孙权袭击关羽后方，曹操才罢休。在此之前，孙权曾派使者到关羽处，希望结成儿女亲家，关羽不但没有答应，反而侮辱来访的使者，惹得孙权大怒。同时，南郡太守糜芳与公安太守傅士仁，因关羽平时轻视他们而心存忌恨，他们不仅不尽力供应军需，反而勾结孙权，袭取关羽后路。曹操派大将徐晃到樊城增援曹仁，关羽攻打樊城失利，引军退回时，江陵已被孙权夺取。关羽军队溃散，关羽及其子关平被孙权军队俘虏，最终不屈而死。

纵观关羽一生，他在戎马生涯中历经百战，最后却输在了他的弱点——善待士兵而瞧不起士大夫上。

·读一读　查一查·

温酒斩华雄

曹操会合十七路兵马攻打董卓。董卓大将华雄连败十八路军数员大将。关羽自告奋勇前去杀敌，曹操倒了一杯热酒给关羽说："将军喝了酒，再前去杀敌。"关羽接过酒杯放在桌上说："杀了华雄再来喝吧！"说完，提着大刀上马去了。等到他砍下华雄的脑袋回到军营，曹操连忙拿起桌上的酒杯递给他，此时，杯中的酒还没凉呢。

·读一读　悟一悟·

关羽接受医生的建议刮骨疗毒，并在动手术时举杯畅饮，谈笑自若，这种气度真让后人神往敬佩。

万事俱备，只欠东风

故事导航

赤壁之战中，周瑜定计火攻曹操，做好了一切准备，忽然想起不刮东风无法胜敌。诸葛亮观天象，算准三天后必有东南风。果然三天后东风如约而至，蜀吴联军借此大败曹军。

208年，孙刘联军与曹操的大军在赤壁附近隔江对峙，一场恶战即将拉开帷幕。

诸葛亮作为刘备的军事代表，应东吴之邀，参与制订以周瑜为总指挥的对曹军的联合作战计划。

战前，交战双方互相派遣间谍刺探军情。曹操派周瑜早年的同学蒋干过江，让他以老同学的身份住在东吴的大营之中，接着又派荆州降将蔡中、蔡和向周瑜诈降。周瑜早已看破曹操的意图，将计就计，巧妙地利用蒋干，向曹军传递虚假的军事情报，并使曹操错杀了水军都督蔡瑁、张允。

东吴老将黄盖与周瑜事先定下苦肉计。黄盖建议东吴投降曹操，周瑜故作震怒，将黄盖一顿痛打。黄盖则以此为借口向曹操诈降。曹操听说东吴有人来降，便亲自接见，他先表示怀疑，可是随后接到蔡中和蔡和的密信，证实了黄盖确实被周瑜狠狠地打过，这才信以为真。

周瑜看到黄盖诈降成功，又请住在东吴的奇士“凤雏”庞统继续用计。蒋干过江后，晚上闲得无聊，便四处游逛，“巧遇”庞统。蒋干知道庞统是一代高士，便劝说庞统投奔曹操，将来做一番大事业。庞统告诉蒋干，他正求之不得，便拿着蒋干的书信过江与曹操相见。曹军中的士兵大多是北方人，不习惯水战，一上船就晕得东倒西歪。庞统给曹操出主意，建议将战船用铁索锁在一起。

曹军的士兵们在连接在一起的战船上操演阵法，与在陆地上一样平稳，曹操见了，称赞庞统的想法高明，但他做梦也没有料到，所有这一切，都是周瑜为火烧曹军而设下的圈套。

当时正值隆冬，整天北风呼啸，而将火烧向曹营则必须有东风相助，去哪里唤东风呢？周瑜为此事一筹莫展，坐卧不安。如果没有东风，他之前所做的一切都是徒劳。不得已，周瑜装起病来，躲在大帐中苦思冥想破曹大计。大战在即，总指挥却病倒了，这可急坏了东吴大大小小的将领，他们心中惴惴不安，唯恐破曹大事付之东流。

诸葛亮见时机已经成熟，便以探病的名义来到周瑜的大帐中。诸葛亮见到周瑜，对他说：“周将军的病，在下能治，将军只要看了我开的药方，就会立即康复！”说完，他在周瑜手心写下“万事俱备，只欠东风”几个字。

周瑜看罢，立刻兴奋地从床上跳了下来，请求诸葛亮帮忙。

诸葛亮说:“将军的事就是我的事，我当义不容辞!”

诸葛亮通晓天文，早已测出近日必有东风。周瑜便在刮东风那日，将曹操的大军烧得狼狈逃窜，死伤无数。

·读一读　查一查·

庞统

庞统（179年—214年），字士元，荆州襄阳（今湖北襄樊）人。东汉末年刘备帐下谋士，官拜军师中郎将。才智与诸葛亮齐名，道号“凤雏”。在进围雒城时，庞统率众攻城，不幸被流矢击中去世，时年三十六岁。庞统被追赐为“关内侯”，谥号靖侯。庞统死后，葬于落凤坡。现于四川省德阳市罗江县白马关处有国家重点文物保护单位——庞统祠墓。

·读一读　悟一悟·

诸葛亮的神机妙算在于他对天文知识的掌握，所以说知识就是力量，知识是最锋利的武器。我们要好好学习，掌握丰富的科学文化知识。

华佗的故事

故事导航

三国时期，著名民间医生华佗，不仅是我国外科医学的鼻祖，还擅长心理疗法，并发明了五禽戏，对充实和丰富我国古代医学宝库做出了重大贡献。

华佗是我国古代伟大的医学家，字元化，东汉末年沛国谯（今安徽亳州）人。他是一个出类拔萃的民间医生。他对充实和丰富我国古代医学宝库做出了重大贡献。他是我国外科医学的鼻祖，发明的麻沸散是世界上最早的麻醉药。

华佗医疗经验丰富，断病准确，名气很大。华佗在内科方面的诊断技术相当高明，他能够准确地掌握各种病症的规律，通过对病人面目、形体、病状的观察，就可以判断病人的病症。

华佗还创造性地运用“心理疗法”来治病救人。有一个郡的郡守得了重病，华佗诊视后，退出病房，然后告诉郡守的儿子说：“你父亲得的病很奇怪。他的肚子里有很多瘀血，服药根本无效，只有让他大发雷霆，吐出瘀血，病才会好。”郡守的儿子着急地问：“怎么才能让他大发雷霆呢？”华佗说：“请你把你父亲的缺点告诉我，我给他写封信，大骂他一顿，他一生气，就会将瘀血吐出来。”

后来，郡守看见华佗写给他的信，果然动怒了。他气愤地说：“华佗简直是在侮辱我的人格！”说着，他吐出了许多黑血，不久，病就痊愈了。

华佗治病，不墨守成规，而是根据病人的不同情况进行治疗。曹操患头风病，久治无效，经华佗针刺就不痛了。倪寻和李延两人都头痛发热，华佗给倪寻吃泻药，给李延吃发汗药，结果两人都好了。别人问华佗这是什么道理，他回答说：“倪寻是外实症，李延是内实症，所以治法不一样。”

华佗非常重视体育锻炼对人体健康的作用。他创造了一种叫作“五禽戏”的体育运动，这种体育运动就是模仿虎、鹿、熊、猿、鸟五种禽兽运动姿态的体操。模仿这五种动物的姿态，可以使人周身关节、脊背、腰部、四肢都得到舒展，充分活动。体质虚弱的人练了五禽戏，可以使体魄健壮起来；患病的人练了五禽戏，可以加速康复的进程；年迈的人练了五禽戏，可以强身健体，精神焕发。华佗的弟子吴普几十年坚持做五禽戏，活到九十多岁，仍然“耳聪目明，齿牙完坚”。

·读一读　查一查·

刮骨疗毒

关羽曾经被一支飞箭射中，箭穿透了他的右臂，后来，伤口虽然愈合了，但是每到阴雨天，骨头常常疼痛。华佗说：“箭头有毒，毒已渗入到骨头里，应当切开臂膀再一次治疗箭伤，刮掉渗入毒药的骨头，完全除掉毒药，这样，病才能根除。”关羽便伸出臂膀让华佗切开。当时，关羽恰好邀请各位将领在一起喝酒吃饭，臂膀上鲜血淋漓，而关羽却依然切肉吃，举起酒杯畅饮，谈笑自若。

·读一读　悟一悟·

除了药物治疗、心理治疗，华佗还非常重视体育锻炼的作用，他认为体育锻炼对身体健康至关重要，所以我们也要坚持体育锻炼。

·小小资料库·

古代人用什么清洁牙齿?

同学们，我们每天早晚都要刷牙，那么古代人怎么清洁牙齿呢？在刷牙工具发明之前，古代漱口普遍采用含漱法，以盐水、浓茶、酒为漱口剂，这在唐代孙思邈所著的《备急千金要方》等著作中有记载。敦煌石窟中的壁画表明，后来，古人是用右手中指当“牙刷”用的。

魏晋南北朝

一、十分钟了解魏晋南北朝

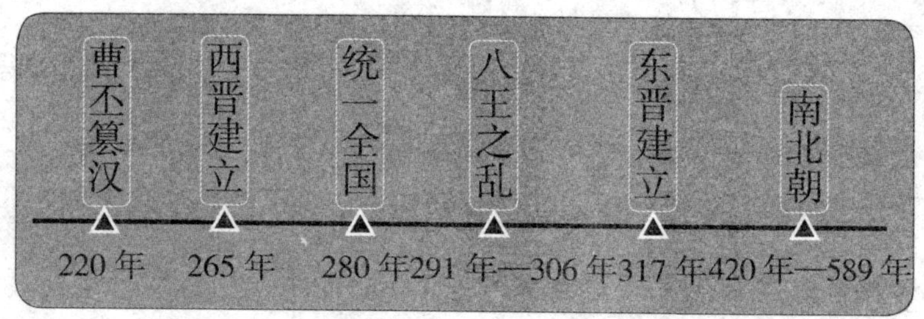

魏指的是三国时的曹魏。由于曹魏受汉室禅让，在三国时代及后世被肯定为中原王朝，而蜀、吴两国为该时代的附属割据王国，所以魏为正统，可以称为魏朝。晋主要指的是三国灭亡后，由司马氏所建立的西晋王朝与后来割据在南方半壁江山的东晋王朝（此时北方是五胡十六国时代）。南北朝则指晋朝正式灭亡后，南北对峙形成的几个朝代，南方包括宋、齐、梁、陈四朝，北方则有北魏、东魏、西魏、北齐、北周。直到隋朝建立，统一中国南北方后，长达近四百年的魏晋南北朝才算正式结束。

1. 曹丕篡汉

汉延康元年正月（220 年），曹操病死，其子曹丕即位为魏王，同年十月，汉献帝让位，曹丕称帝，是为魏文帝。至此，历十二帝，一百九十六年的东汉王朝名实俱亡。十月十三日，早已徒存名号的汉献帝刘协被迫将象征皇位的玺绶诏册奉交曹丕，宣布退位。曹丕照例三让之后于同月二十九日升坛受禅，登上皇帝的宝座，改国号为魏。

2. 司马炎建立西晋

司马炎为司马昭长子，曾出任中抚军。但是司马昭却有意让幼子司马攸继承王位，在众臣的反对之下，司马炎于泰始元年（265 年）五月被封为晋王太子。同年八月，司马昭因中风猝死，享年五十五岁。司马炎继承昭为相国、晋王。十二月，司马炎逼迫魏元帝曹奂禅让，即位为帝，国号晋。

3. 八王之乱

晋武帝恢复了古代的分封制，封二十七个同姓王，以郡建国。诸王可自行选用国中文武官员，收取封国的租税。后来又让诸王出任地方都督，诸王多少有了行政权力，又有了数量可观的军队，如此一来，诸王掌握了封国的军政大权。晋武帝完成了分封宗室诸王的政治计划，自以为得计，认为司马氏的统治从此稳固，其实反而种下了祸根。诸王为争夺中央政权，进行了十六年内战，史称“八王之乱”。

4. 司马睿建立东晋

316 年，西晋的末代皇帝司马邺被俘，宣告了西晋的灭亡，但一些晋朝的旧臣并不甘心亡国的命运，仍在全国各地积极活动，准备恢复晋朝的统治。317 年，琅琊王司马睿在南渡过江的中原氏族与江南氏族的拥护下，在建康称帝，国号仍为晋，司马睿是晋元帝，因其继西晋之后偏安于江南，故史家称之为“东晋”。346 年，东晋安西将军桓温伐蜀，次年三月克成都，控制汉水上游和四川盆地的成汉政权灭亡。至此，东晋统一了南方，与后赵隔秦岭、淮河对峙。

二、魏晋南北朝之最

1. 最悲壮的演奏

他贵为皇室宗亲，却以打铁为乐；他才华横溢，却隐居山林；他远离名利官场，当有朋友写信推荐他登庙堂之高为官，他不惜与友决裂。他为朋友不惜下狱被迫赴死，然而在刑场，三千名太学生为他请愿，这是何等壮观的场面，他却只是淡然地手挥五弦，目送归鸿，只留下悲壮凄绝的《广陵散》的余韵，至今它仍飘荡在历史的苍穹，余韵不歇。他就是嵇康。

2. 最白痴的皇帝

他贵为皇帝，却几乎目不识丁；他君临天下，却不顾老百姓的死活，一心贪图享乐；当老百姓居无处、食无粥的时候，他竟然问：何不食肉糜？这是多么荒唐，当粥尚且吃不到的时候，老百姓去哪里吃肉呢？这就是晋惠帝，堪称“中国历史上最白痴的皇帝”。

3. 最杰出的书法家

他人如其字，潇洒自然，当朝权贵挑选女婿时，别家公子都衣着光鲜，唯有他袒腹东床。他不断开拓视野、广闻博取，他学卫夫人，学钟繇，然而又富于创造，自能融汇。他文采斐然，其《兰亭集序》不仅字体飘若游云，矫若惊龙，其文采也让人觉得惊艳，这神形具备的篇章被后人称为“天下第一行书”。他就是王羲之。

4. 最全能的画家

他博学多艺，工诗赋、书法，尤善绘画，凡人物、佛像、禽兽、山水皆能。时有“才绝、画绝、痴绝”之称。画师法卫贤，行笔细劲连绵，如春蚕吐丝，行云流水，出之自然。画人物尤善点睛。他天真自然，性情单纯，别人的一句赞叹即可换得他永夜的吟叹。他就是顾恺之。

三、故事精选

才高不谨的嵇康

故事导航

魏晋时期，“竹林七贤”之一的嵇康因为清高孤傲得罪了晋朝权贵，被陷害而死，留下了许多感人的故事和《广陵散》的音乐佳话。

嵇康（224 年—263 年，或 223 年—262 年），字叔夜，谯郡铚（今安徽濉溪西南）人。其实，他的祖先原本姓奚，是会稽（今浙江绍兴）人，因躲避仇人，迁到谯郡，改姓嵇。嵇康学识渊博，是当时著名的文学家、思想家和音乐家。

嵇康和阮籍是同时代人，在社会上的名气都很大，和他俩齐名的还有山涛、向秀、王戎、刘伶、阮咸。因为他们七人常在竹林游玩、喝酒、写诗、作文，所以被世人合称为“竹林七贤”。

在“竹林七贤”的主要聚集地山阳，嵇康一住就是二十年。他还曾经和向秀在大树下一起打过铁。他的妻子是曹操之子曹林的女儿，他也算是魏宗室的成员，曾官至中散大夫。嵇康极其不满司马氏集团对曹氏宗亲的杀戮，厌恶他们用虚伪的正统思想来标榜自己的行为。

“竹林七贤”中，和嵇康能够称得上至交的，只有阮籍与山涛。嵇康虽与阮籍情投意合，但不像阮籍处处装疯卖傻，远离是非。嵇康言行坦率，有棱有角，疾恶如仇，容易感情用事。

嵇康也意识到了这一点，所以他对自己的子女颇不放心。他所作的《家诫》一文可以说是用心良苦，在文章中他表达了以下几种观点：对长官要尊敬而勿亲密，往来要有分寸；不要管人家的私事，以免给自己招惹麻烦；不要与人争执，要学会醉酒装糊涂。虽然嵇康让子女小心谨慎，但他自己出于对司马氏集团的痛恨，早已把生死置之度外了。

一次，司马昭的心腹钟会别有用心地去拜访嵇康，想借此与名士联络关系。而嵇康却崇尚自然，看不起这号为司马氏集团效力的文人。当时嵇康与向秀正在大树下打铁，看到钟会来了，向秀故意把风箱拉得很响，嵇康装作奋力挥锤，谁也不去理会钟会。钟会没趣地站了一会儿，只好转身回去。这时，身后传来嵇康奚落的追问：“何所闻而来？何所见而去？”钟会受此耻辱，也不甘示弱地回答：“闻所闻而来，见所见而去。”嵇康这种疾恶如仇、毫不妥协的脾气，为他以后的悲剧命运种下了祸根。

嵇康的好友，“竹林七贤”之一的山涛，做了西晋的高官之后，曾经要引荐嵇康做西晋的尚书郎。而嵇康知道后，立即写信给山涛，断然拒绝他的好意，这就是著名的《与山巨源绝交书》（“巨源”是山涛的字)。嵇康在信中痛斥了西晋王室的所作所为。事实上，嵇康未必真的要与山涛绝交，不过是借此发泄自己的情绪，山涛也未必把绝交当作一回事。这封向世族宣战的书信传扬开去，更使司马氏集团把嵇康这样的人视为眼中钉，司马氏集团决心除掉嵇康，给其他知识分子以警诫。最终，因好友吕安被诬，嵇康为其辩护，而遭钟会构陷入狱。司马氏政权本来还要诬陷他图谋反叛，要山涛出来做证，但山涛不承认有此事，这项罪名才没有成立，不过司马昭还是把嵇康公开处决了。

在狱中，嵇康终于反省了自己的狂傲不羁，写下了著名的《幽愤诗》。临刑前，嵇康从容地弹了一曲他一向珍爱却从未传人的《广陵散》，悲壮的曲调使当时聚集在刑场上的三千多名太学生感动落泪。嵇康终年三十九岁，他死后，《广陵散》失传，成了绝响。嵇康临死的时候，把他才十岁的儿子嵇绍托付给了山涛。后来经山涛推荐，嵇绍做了西晋的官员，官至侍中。304年，在一次战役中，嵇绍因保护晋惠帝而被杀，鲜血溅在晋惠帝的衣服上。

嵇康一生写了许多诗文，这些诗文广为流传，但因为他的语言太过尖锐，当时编选文集的人剔除了他的许多作品，所以流传到梁朝时有十五卷，到宋朝以后就只有十卷了，现在只有《嵇中散集》被保存了下来。

·读一读　查一查·

竹林七贤

魏晋间，嵇康、阮籍、山涛、向秀、刘伶、王戎及阮咸七人常聚游于竹林，饮酒纵歌，肆意酣畅，被称作“竹林七贤”。竹林七贤的作品基本上继承了建安文学的精神，但由于当时的血腥统治，作家不能直抒胸臆，所以不得不采用比兴、象征等手法，隐晦曲折地表达自己的思想感情。

·读一读　悟一悟·

嵇康看不惯司马氏对曹氏残余力量的杀戮，厌恶他们用虚伪的正统来标榜自己，所以和当朝采取了不合作的态度，显示出他清高孤傲、不慕权贵的高尚节操。

白痴皇帝晋惠帝

故事导航

晋惠帝，生性愚钝，在位十六年只知道吃喝玩乐，朝政被别人掌握，“八王之乱”后被东海王司马越毒死，结束了昏庸尴尬的一生。

晋惠帝（259 年—306 年），即司马衷，字正度，晋武帝司马炎之子。司马衷生性愚钝，不懂世事，除了贪图享乐之外，别无所知。他从师数年，竟识不得几个字。

惠帝毫无处理军国政事的能力，便由太傅杨骏独揽朝政。司马衷痴呆如初，除了寻欢作乐之外，其他事一概不懂，也不问。一次，他在华林园游玩，听到一片蛙声，觉得有趣，就问内侍道："这呱呱乱叫的声音，到底是为官事还是为私事？"侍者巧妙地回答："在官田里叫的为官，在私田里叫的为私。"还有一次，各地闹饥荒，老百姓没有饭吃。司马衷对此大惑不解，说："没有饭吃，为什么不吃肉粥？"弄得人们啼笑皆非。然而就是这样一个愚昧到极点的人，却掌握着西晋的朝政，由此可以想象国家的前途将会如何。

司马衷在位十几年，只不过是个象征性的皇帝，谁控制他，谁便可以掌握朝政大权，成为事实上的皇帝。这十几年里，他的皇后贾南风和他的弟兄们为了权力展开了一场你死我活的混战，史称"八王之乱"。"八王之乱"给人民带来了深重的灾难。

司马衷在这场战乱中完全是一个傀儡，被诸王辗转抢夺、扶持，忽而被废，忽而被立，受尽凌辱。战乱结束，东海王司马越操纵了朝廷大权，他想尽快除掉惠帝，立司马炎幼子司马炽为帝。

306年，司马越派人给司马衷送去有毒的饼，司马衷吃了几块，觉得腹中绞痛，倒在床上，没等人叫来御医，他已一命呜呼。

·读一读　查一查·

八王之乱

西晋时统治阶层历时十六年（291年—306年）之久的战乱。战乱参与者主要有汝南王司马亮、楚王司马玮、赵王司马伦、齐王司马冏、长沙王司马乂、成都王司马颖、河间王司马颙、东海王司马越八王。诸王为争夺中央政权，不断进行内战，史称“八王之乱”。

·读一读　悟一悟·

昏庸的晋惠帝在百姓吃不上饭的时候却问手下人：没有饭吃，为什么不吃肉粥？昏庸愚钝到这种地步的人却当上了皇帝，真是莫大的讽刺。

书圣——王羲之

故事导航

东晋时期，酷爱书法的王羲之勤学苦练，创造出了自己的妍美流便的独特书体，书法艺术达到很高的水平，成为我国伟大的书法家之一。

在“王与马，共天下”的东晋时期，王导、王敦家族的子弟都当上了大大小小的官员，他们中大多数是庸庸碌碌的官僚，但也出了一位有名的书法家，他就是王羲之。

王羲之，字逸少，东晋著名书法家，有“书圣”之称。因为他曾做过右军将军，所以也被称为王右军。王羲之从小喜爱书法，曾拜女书法家卫铄为师学习书法。王羲之临摹卫书，虽已不错，但自己却总是觉得不满意。

为了练好书法，他每到一个地方，总是跋山涉水，四处钤拓历代碑刻，积累了大量的书法资料。他在书房内、院子里、大门边，甚至在厕所的外面，都摆着凳子，安放好笔、墨、纸、砚，他每想到一个结构好的字，就马上写到纸上。据说他平时走路的时候，也随时用手指比画着练字。经过勤学苦练，王羲之的书法水平达到了很高的境界。

王羲之出身贵族，才华出众，朝廷中的公卿大臣都推荐他做官。他做过刺史，也当过右军将军，后来又任会稽内史。他不爱住在繁华的京城，他见会稽风景秀丽，非常喜爱。一有空，他就和朋友们一起游览山水。有一次，王羲之和他的朋友们在会稽郡山阴的兰亭举行宴会。王羲之当场挥笔，写了一篇文章纪念这次宴会，这就是有名的《兰亭集序》。由他亲笔书写的《兰亭集序》，历来被认为是我国书法艺术的珍品，唐时为太宗所得，相传太宗死后，真迹殉葬。

王羲之的书法越来越有名。当时的人都把他写的字当宝贝看待。据说有一次，他到一个门生家里去，门生很热情地接待他。他坐在一个新的几案旁，几案表面又光滑又干净，这引起了他写字的兴趣，于是他叫门生拿笔墨来。那个门生马上把笔墨拿来给王羲之，王羲之在几案上写了几行字留作纪念，就回去了。

过了几天，那个门生有事出门去了，他的父亲进书房收拾，一看新几案被墨迹弄脏了，就用刀把字刮掉了。等门生回来，几案上的字迹已经不见了。门生为这件事懊恼了好几天。

又有一次，王羲之到一个村子去。有个老婆婆拎了一篮子六角形的竹扇在集上叫卖。那种竹扇没有什么装饰，引不起过路人的兴趣，看样子是卖不出去了，老婆婆十分着急。王羲之很同情老婆婆，就上前跟她说："您这竹扇上没画没字，当然卖不出去。我给您题上字，怎么样？"

老婆婆不认识王羲之，见王羲之这样热心，也就把竹扇交给他了。王羲之提起笔来，在每把扇面上龙飞凤舞地写了五个字。他安慰老婆婆说："别急，您只要告诉买扇的人，说上面的字是王右军写的就行了。"

王羲之一离开，老婆婆就照他的话做了。集上的人一看真是王右军的书法，都抢着买。不一会儿，一篮子竹扇就卖完了。

许多艺术家都有各自的爱好，有的爱种花，有的爱养鸟，王羲之却有他的癖好：不管哪里有好鹅，他都有兴趣去看，或者买回来玩赏。

山阴有一个道士，想要王羲之给他抄写一卷《道德经》，可是他知道王羲之是不肯轻易替人抄写经书的。后来，他打听到王羲之喜欢白鹅，就特地养了一群品种好的鹅。

王羲之听说道士家有好鹅，就跑去看了。当他走近那道士屋旁时，正见到河里有一群鹅在水面上悠闲地游着。这群鹅一身雪白的羽毛，映衬着高高的红顶，实在惹人喜爱。他在河边看着，舍不得离开，就要求那道士把这群鹅卖给他。那道士笑着说："既然王公这样喜爱，就用不着破费，我把这群鹅全部送给您好了。不过我有一个要求，就是请您替我抄写一卷《道德经》。”王羲之毫不犹豫地给道士抄写了，那群鹅就被他带回去了。

王羲之精心钻研书法的体式，对古代书法进行革新与改造，博采众家之长而融为一体，创造出妍美流便的独特书体，他在我国书法史上有“书圣”的美称。

·读一读　查一查·

《兰亭集序》

东晋穆帝永和九年（353年）三月三日，王羲之与谢安、孙绰等四十一人，在山阴（今浙江绍兴）兰亭“修禊”，会上各人作诗，王羲之为他们的诗写的序文手稿即《兰亭集序》。《兰亭集序》中记叙兰亭周围山水之美和聚会的欢乐之情，抒发作者对好景不长、生死无常的感慨。法帖相传之本，共二十八行，三百二十四字，章法、结构、笔法都很完美，是他的得意之作，被称为“天下第一行书”。

·读一读　悟一悟·

喜爱书法的王羲之，为了写好字，随时随地进行书法训练，正是这种勤奋的精神使他成为著名的书法家。

·小小资料库·

古代怎样计时？

计时方法包括计时工具和计时单位。古代中国人用时辰做计时单位。所谓时辰，是指一天的十二分之一，一个时辰合现在的两个小时。一天一夜有十二个时辰，用地支“子、丑、寅、卯、辰、巳、午、未、申、酉、戌、亥”来表示。时辰从半夜算起，半夜十一点到一点是子时，中午十一点到一点是午时。计时工具有影子、太阳或月亮、香或蜡烛，后来有漏水器和沙漏。

刘裕建国

故事导航

东晋后期，刘裕执掌政权，后来他终于控制不住自己的野心，逼迫晋恭帝退位。420年，刘裕即位称帝，定国号为宋，结束了东晋王朝在南方一百零四年的统治。

刘裕小时候，家里非常贫穷。父亲是官府的小吏，微薄的薪俸根本养不活全家。刘裕家里人口又多，不得已，他很早就挑起了养家的重担。他农忙时种地，农闲时上山砍柴、下河捕鱼。他还做过卖鞋一类的小生意。生活的艰辛磨炼了他的个性，使他变得更加坚韧、强悍。

404年，刘裕击败桓玄，掌握东晋大权。刘裕知道自己出身贫寒，被士族看不起。为了提高自己的威望，他决定率军北伐。

409年，刘裕从建康出发，去讨伐南燕（十六国之一），其间没费多大气力，就于410年把南燕灭了。

过了几年，刘裕在平定了南方的割据势力后，再一次北伐，攻击后秦。他让尚书左仆射刘穆之管理朝政，负责部队的粮草供应；命大将王镇恶、檀道济带领步兵，从淮河一带出发，向洛阳方向进攻；自己亲自率领水军沿着黄河北上。

后秦军在东晋军的猛烈进攻下，连连败退。后秦国主姚泓没有办法，只好派人向北魏皇帝拓跋嗣求救。那时，北方鲜卑族建立的北魏政权开始崛起，势力已经扩展到黄河北岸。见后秦来讨救兵，拓跋嗣就集中了十万大军驻守黄河北岸，监视东晋军的行动。

刘裕的水军沿着黄河进军，魏军也有几千骑兵在岸上跟着，不断地骚扰他们。黄河风急浪高，晋军士兵掉进水里，被冲到岸上，魏军一抓住就将其杀掉，等晋军上岸追击，魏骑兵又一溜烟地跑了。这使晋军非常疲惫，行军很不顺利。

刘裕非常恼火。他苦苦思索了半天，终于想出了一条计策。

他派一个部将挑选了七百名勇士，带着一百辆战车登上北岸，沿着河岸摆了一个半圆形的阵势，两头紧紧靠着河岸，中间向外突出，阵中间又埋伏了两千名士兵，最中间的一辆兵车上高高地插着一根白毦（白色的毛织物，相当于令旗）。由于这种布阵像一弯新月，刘裕给它起了个名字叫“却月阵”。

魏军远远地看着晋军布下了这种从未见过的阵势，猜不透刘裕的葫芦里卖的什么药，不禁有些害怕，一动也不敢动。

忽然，晋军中间车上的白毦晃动了几下，两千名士兵呼啦啦地拥出，带着一百张大弓登上了兵车。那白旄又摇了几下，晋军一百辆战车上的弓箭一齐发射，魏兵一排排地倒下了，但是，魏军仗着人多势众，还是不断地向前冲锋。

魏军万万没有想到，晋军在“却月阵”后面还布置了一千多支长矛，装在大弓上。这种长矛有三四尺长，矛头非常锋利。魏军正在一个劲地猛攻，突然晋军士兵用大铁锤敲动大弓，一支支长矛便向魏兵飞去。魏兵被吓得魂飞魄散，赶紧逃命。晋军乘胜追击，又消灭了大量魏兵。

刘裕巧摆“却月阵”，大败魏军，打开了沿黄河西进的通道。这时，王镇恶、檀道济率领的步兵已经攻克了洛阳，在潼关和刘裕的水军会合。417 年，刘裕命王镇恶攻下长安，灭了后秦。

刘裕接着进驻长安，住了两个月。建康传来消息，尚书左仆射刘穆之死了。刘裕一听十分担心，怕自己离开朝廷时间太长，大权会被别人夺走。于是，他留下一个十二岁的儿子镇守长安，派王镇恶辅佐自己的儿子，然后就带兵回建康去了。

419 年初，晋安帝去世，刘裕再也控制不住自己的野心，派人逼迫刚刚即位的晋恭帝退位。

420 年，刘裕即位称帝，定国号为宋，历史上称他为宋武帝。东晋王朝在南方一百零四年的统治就这样结束了。

刘裕当了皇帝后，没有忘记自己的穷苦出身，仍然过着十分俭朴的生活。他平时的穿着非常朴素，卧室的屏风是用泥土做的。他还把自己小时候用过的农具、补了又补的破棉袄悬挂在宫中，让后辈们能经常看见它们，以提醒他们祖上的艰辛和江山的来之不易。

·读一读　查一查·

闻鸡起舞

传说东晋将领祖逖年轻时就很有抱负，每次和好友刘琨谈论时局，总是慷慨激昂，满怀义愤。为了报效国家，他们在半夜一听到鸡鸣，就披衣起床，拔剑练武，刻苦锻炼。这就是成语“闻鸡起舞”的来源，其比喻有志报国的人及时奋起。

·读一读　悟一悟·

刘裕虽然当了皇帝，但是并没有贪图享乐，而是时刻不忘保持艰苦朴素的作风，这种精神品质值得我们学习。

贾思勰

故事导航

北魏农业科学家贾思勰（xié）重视农业生产，他既注重读书，又善于向农民学习，积累实践经验，写成了著名农业生产技术著作《齐民要术》，为农业发展做出了贡献。

南北朝时期，北魏出了一个杰出的农业科学家，叫贾思勰。贾思勰是齐郡益都（治今山东寿光南）人，他所著的《齐民要术》是一部总结农业生产技术的著作，也是我国现存的一部最古老、最完整的农书。

贾思勰能写出这样一部书，跟北魏时期我国北方农业的生产发展是分不开的。北魏孝文帝改革，有力地促进了北方的民族大融合。各族劳动人民在生产劳动中不断地互相学习，少数民族学到了汉族的农业生产经验，汉族也学到了少数民族的畜牧业生产经验。农业有了畜牧业的配合，从耕种到收获有更多的畜力可以利用，肥料的来源也大大增加了；畜牧业有了农业的配合，牲畜的饲料增加了，牲畜的用途更广泛了。

贾思勰读过许多书，知识渊博。北魏的高阳郡（今河北高阳东）是当时农业生产比较发达的地区。贾思勰在这里做太守的时候，一方面努力读书，学习前人总结的生产经验；一方面不辞辛苦地深入民间，向农民、牧民学习生产知识。有时候，他自己也种些地，养些鸡鸭牛羊。他还把民间关于气候、季节、耕种、畜牧的谚语、歌谣收集起来，仔细地加以分析，把合理的内容记下来。贾思勰从书本和实践中积累了大量资料和经验，为写好《齐民要术》准备了充分的条件。

有一次，贾思勰养了两百头羊，因为饲料不够，不到一年羊就饿死了一大半。后来，他又养了一群羊。这一次，他事先种了二十亩大豆，把饲料准备得足足的，可是羊还是死了不少。这到底是什么原因呢？贾思勰听说百里外有一位养羊能手，就跑去向他请教。老羊倌仔细询问了贾思勰养羊的情况，终于找出了羊死亡的原因。原来贾思勰把饲料随便扔在羊圈里，羊踩来踩去，拉屎撒尿都在上面，这样的饲料羊是不肯吃的，因此就饿死了。贾思勰在老羊倌家里住了好多天，仔细参观了老羊倌的羊圈，学习了老羊倌的一套养羊的经验。他回去照着这些方法养羊，效果果然很好。

贾思勰到过山东、山西、河南、河北等许多地方，向各地农民虚心请教，从他们那里学到了宝贵的生产经验。例如，长着茅草的地要先赶着牛羊在上面踩过，七月间再翻地，茅草才会死去；选种要选长得饱满的、颜色纯洁的穗子，将其割下来高高挂起，到来年春天打下来做种；在风大霜重的山地种谷子，应当选用茎秆坚强的品种，在潮湿温暖的低地种谷子，应当选用茎秆比较柔弱、生长茂盛的品种。这些方法都是向富有生产经验的农民学来的。

贾思勰为什么要研究农业生产经验呢？他认为农业生产跟人民生活的关系极密切，国家能不能强盛，主要在于重视不重视农业生产，而要发展农业生产，就必须提高科学技术水平。他亲自进行农业生产活动，总结当时的经验，研究前人的成果，用毕生精力写出了一部农业科学巨著——《齐民要术》。

《齐民要术》这部书，既记载了前人的生产知识，又总结了当时的生产经验，还讲了贾思勰自己的亲身体会。同时，他也对许多具体事例从理论上做了说明。

北魏时期，并州（今山西太原西南）不产大蒜，农民想种大蒜，就从朝歌（今河南淇县）买来上等蒜种，可是种下去以后，收获的却是蒜瓣很小、味道也不辣的小蒜头。贾思勰认为，这是地势、土壤、气候条件不同的缘故。因此，种什么庄稼，必须了解当地的自然条件，种植适应当地自然条件的作物，才能用力少，收成多。

贾思勰主张，从事农业和畜牧业生产，要注意实际的效果，不要只看到表面的形式。他以养鸡为例，养鸡的人喜欢生蛋多的鸡，那就要选秋天或冬天孵出的鸡种，不要选春天或夏天孵出的鸡种。秋冬孵出的鸡虽然个子小，毛色浅，脚也细短，外表不好看，可是生蛋多，又会孵小鸡；春夏孵出的鸡虽然个子大，脚长得粗壮有力，外表健美，却爱到处逛荡，不爱生蛋。因此，要想多收鸡蛋，就应当从实际效果来选择鸡种。

贾思勰写《齐民要术》，注重实事求是。他对古书记载的或听人说的一些谷类和瓜果，凡是出产在外国，自己没有亲眼见到的，只在书上记个名字，不写种植方法。因为不知道的东西决不随便说。

《齐民要术》全书共九十二篇，约十一万字。内容十分广泛，从农作物耕种讲起，一直讲到怎样做醋和酱。凡是有利于生产和改善生活的事情，几乎都讲到了。这部很有价值的农业科学著作，不仅是贾思勰个人心血的结晶，也是我国古代北方劳动人民生产经验的总结，在世界农学史上有着重要的地位。

·读一读　查一查·

北魏

北魏（386年—557年），是北朝时代位于今日华北地区的第一个王朝。又称后魏、拓跋魏、元魏。拓跋鲜卑氏建立，建都平城（今山西大同东北）。439年，统一北方。493年起迁都洛阳，皇帝改姓元。534年，分裂为东魏与西魏。东魏武定八年（550年），高洋废孝静帝，代东魏自立，建立北齐。西魏恭帝于557年被权臣宇文护逼迫禅位于其侄宇文觉，北周政权建立。

·读一读　悟一悟·

贾思勰写《齐民要术》时参考了很多农业书籍，但是他并不迷信书籍，不能确定的东西决不随便写，都要亲自查证，这种严谨的态度让人钦佩。

·小小资料库·

茄子的“老家”在哪里?

我们每天都要吃各种各样的蔬菜，可是你们知道吗，很多蔬菜都不是我国出产的，而是从外国传过来的，比如西红柿、黄瓜、洋葱、辣椒等。那么茄子的“老家”在哪里呢？茄子原产东南亚和印度，约于晋代传入我国，隋炀帝就对它特别偏爱，还钦命它为“昆仑紫瓜”。如果你还想了解其他蔬菜知识，就接着查资料吧。

隋朝

一、十分钟了解隋朝

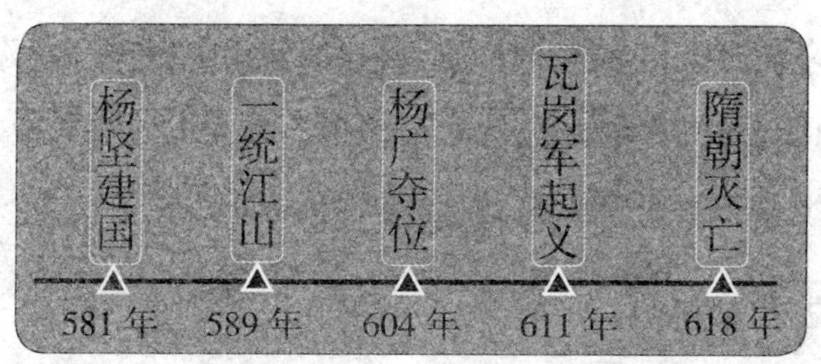

隋朝是中国历史上伟大的朝代之一，隋唐时期也是全世界公认的中国最强盛的时期。隋朝在政治上确立了重要的制度——三省六部制，创建了影响深远的科举制度。隋朝还兴修了举世闻名的大运河，巩固了中央对东南地区的统治，加强了南北经济、文化的联系。

1. 开皇之治

隋文帝在位二十多年时开创，当时社会民生富庶、人民安居乐业、政治安定。政治、经济、外交等方面都达到全盛，中国是当时世界上最强大的国家。日本亦对其称臣朝贡。

2. 一统江山

开皇八年（588 年）冬，杨广被拜为行军元帅，统领五十多万大军南下向富裕、强盛的陈朝发动进攻，九年灭陈，统一全国。隋军所到之处，所向披靡，对百姓则“秋毫无犯”，因而博得了人民的广泛赞扬。杨广完成了中国的统一大业，结束了上百年来中国分裂的局面，也结束了中国三四百年的战乱时代。

3. 杨广夺位

隋文帝的二儿子杨广在攻打陈国时立下赫赫战功，深得隋文帝和独孤皇后的喜爱，于是他设计当上了太子。隋文帝病危时，杨广害死父亲，当上皇帝，即隋炀帝。

4. 瓦岗军起义

隋炀帝实施苛暴的徭役、兵役，毫无限制地压迫人民，甚至贵族地主，因此引起大规模的农民起义和地主反抗。其中最有影响的是翟让、李密领导的瓦岗军。但由于瓦岗军内部互相猜疑，蓬蓬勃勃的农民起义，以失败告终。

二、 隋朝之最

1. 最长的人工河

举世闻名的京杭大运河，是世界上开凿最早、最长的一条人工河道。大运河北起北京，南至杭州，流经六省市，沟通五大水系，全长 1747 千米。在中华民族的发展史上，京杭大运河为发展南北交通，沟通南北之间经济、文化等方面的联系做出了巨大的贡献。

2. 最腐败的皇帝

隋炀帝做了皇帝以后，穷奢极欲，大肆修建宫殿园林，还开凿了世界上最长的人工河——京杭大运河。他多次下江南，所到之处，无不兴师动众，给老百姓带来了很大的经济负担。

三、故事精选

隋文帝杨坚

故事导航

南北朝时期，中国长期处于分裂之中，战争不断，人民生活在水深火热之中。北朝北周皇帝年少昏庸，势力强大的杨坚顺势取而代之，并在儿子杨广的帮助下南讨陈后主，建立统一的隋朝，中国再次实现南北统一。

杨坚出生于541年，和许多帝王一样，传说他出生时也有祥云出现。他在青少年时期并不聪明，靠着贵族家庭的关系在专门为贵族子弟设立的学校里读过书，但由于成绩不好，他被讽刺为不学无术。他也有自知之明，曾自嘲地说自己“不晓书语”。

虽然杨坚读书不行，但凭借父亲的功勋，他在十五岁时被授官散骑常侍、车骑大将军、仪同三司，封成纪县公。北周武帝时，杨坚进位大将军，袭爵隋国公。

当朝的柱国大将军独孤信看出杨坚前程远大，就把一个女儿许给了杨坚，此女就是后来有名的独孤皇后。

因为独孤家族比杨氏家族的势力要大得多，再加上独孤皇后个性泼辣，杨坚可算得上是历史上有名的“惧内”皇帝了。据说因为和皇后吵架，杨坚曾出走深山，几天后才回来。

杨坚的地位引起了其他人的嫉妒，有些人想除掉杨坚，但杨氏家族以及独孤家族的势力对他起了保护作用，再加上杨坚的长女是北周武帝太子的妃子，所以，他们终究没有对杨坚构成致命威胁。

578 年，北周武帝病死，宣帝即位。杨坚的长女做了皇后，杨坚升任上柱国、大司马，掌握了朝政大权，加上年少的宣帝也比较昏庸荒淫，在群臣中没有威信，于是，杨坚便开始准备取而代之。

杨坚的行动多少让宣帝有所察觉，但因没有真凭实据，宣帝也没法处罚杨坚，何况杨坚还是他的岳父。杨坚为了避免皇帝的猜疑，就想到地方上去任职，也为将来形势有变时能利用实力争夺皇位做准备。他把这个想法告诉了自己的朋友——内史上大夫郑译。

到了 580 年，机会来了，宣帝决定出兵南征。郑译便向宣帝推荐了杨坚，宣帝对郑译很信任，于是任命杨坚为扬州总管。但是，还没有等杨坚出征，宣帝便一病不起。郑译和御正下大夫刘昉做了一个假诏书，以宣帝遗诏的名义宣布：杨坚总管朝政，辅佐周静帝宇文阐。

宣帝死后，杨坚等人并没有立即公布消息，而是趁机用假诏书夺取了军政大权。等一切准备就绪后，这才发布了宣帝去世的消息，并扶助周静帝即位。

杨坚做了辅政大臣后，首先建立了新的领导集团，吸收了一些有才干的人，稳定政局；然后他又向威胁他地位的北周宗室展开了攻势。

周宣帝的弟弟宇文赞在朝廷中和杨坚的地位不相上下，是杨坚独揽大权的一大障碍。杨坚便派人对宇文赞说：“你不必再这样劳累地参与政事，以后的帝位肯定是你的，你只管回家等着就行了。”宇文赞一来年轻，二来没什么谋略，就相信了。

朝廷里没了对手，杨坚就向其他王下手了。已经成年而且在地方有些势力的王有五个，如果他们联合起兵，杨坚将很难应付。所以，在五个王得知宣帝病逝的消息之前，杨坚便用假诏书将他们召回长安，然后收缴了他们的印信。五个王见无法与杨坚抗衡，便秘密联系在外的另一个王起兵，但不久便被杨坚打败。五个王只好再寻机下手。一次，他们设下鸿门宴，请杨坚去赴宴。幸亏杨坚的随从有所察觉，找了个借口拉他跑了出来。随后，杨坚便以谋反罪杀掉了主谋的两个王，其他王不久也被除掉。周宗室势力被消灭后，杨坚的称帝之路平坦了许多。

中央的威胁解除了后，地方势力又开始反对杨坚，河南、湖北、四川等地的将领纷纷起兵反叛。通过打与拉两手策略，杨坚在半年后终于平定了这些地方势力，彻底控制了北周政权，这时做皇帝仅仅是一个形式的问题了。

到了 581 年，杨坚走了一个前人使用过的体面形式得到了皇位——禅让。他先让人替周静帝写好退位禅让诏书，然后送到自己的王府。杨坚先假意推辞，然后才接受，穿上皇帝服装，登上心仪已久的宝座。

杨坚称帝后定国号为“隋”，改元“开皇”，但都城没有变动，仍在长安。杨坚就是隋文帝。

·读一读　查一查·

独孤皇后

后周大司马独孤信之七女。独孤信见杨坚相貌奇伟，器宇轩昂，故将女儿许配给他，隋文帝即位之后，封独孤氏为皇后。独孤皇后很受隋文帝宠爱，她平日生活俭朴，不好华丽，专喜读书，识达古今。文帝治政稍有不妥之处，她就衷心苦劝，做了很多有益之事。有一次，一个大臣让她买一盒价值八百万两白银的珍珠，她却把这八百万两白银赏赐给了有功的将士，得到满朝文武的赞扬。

·读一读　悟一悟·

杨坚当上皇帝后以自己的能力统一了中国，结束了长期的混乱局面，为百姓做出了很大的贡献。

杨广夺位

故事导航

隋文帝的二儿子杨广在攻打陈国时立下赫赫战功，深得隋文帝和独孤皇后的喜爱，于是他设计当上了太子。隋文帝病危时杨广害死父亲，当上皇帝，即隋炀帝。

杨坚是隋朝的开国皇帝，他在581年废掉北周静帝自立，改国号为隋。从此，北朝结束，隋朝开始。

589年，他的二儿子杨广带兵灭陈，全国统一。在隋文帝的五个儿子中，二儿子晋王杨广最能干，在南下灭陈和抵御北方突厥的过程中，都曾立下大功，并网罗了一批人才。

隋文帝的长子杨勇因为生活奢侈，渐渐失去隋文帝的欢心。又因为他不听独孤皇后的话，宠爱一个叫云昭训的姬妾，所以也受到独孤皇后的冷落，他的太子地位越来越不稳固了。这时候，杨广加紧活动起来，想取代杨勇的地位。

杨广为了讨隋文帝的欢心，就处处投其所好。每当隋文帝要到他的王府来，他就把那些花枝招展的姬妾们锁在屋里，只留下几个又老又丑的女人穿着粗布衣服在左右侍候。他故意把乐器的弦弄断，乐器上的尘土也不让人擦掉，摆在惹人注意的地方。隋文帝看到这种情景，以为杨广不好声色，非常满意。

有一次，杨广外出打猎，遇到大雨，侍从给他送上油衣（雨衣），他说："士兵们都被大雨淋着，我怎么能一个人穿呢？"他坚持和士兵们一样淋雨。隋文帝听说以后更加高兴，认为杨广有仁爱之心，可以成大事。

杨广知道独孤皇后不喜欢杨勇，于是对独孤皇后更加恭敬。凡是独孤皇后派来的人，不论地位高低，他都和妻子亲自设宴招待；凡是执掌权力的大臣，杨广都去结交；他还笼络了一大批人才。这样，大臣们都说晋王仁义厚道，独孤皇后对他更是宠爱有加。

有一次，杨广要离开长安去扬州，辞别独孤皇后的时候，他故意装出难舍难分的样子，哭哭啼啼地说太子要害他，他怕再也见不到皇后了。独孤皇后听了非常气愤，更加痛恨杨勇。

杨广到扬州后，就开始秘密策划谋取太子之位。他的部下宇文述说："皇上最信任杨素，如果废立太子这事有杨素支持，定能成功。杨素最信任他的弟弟杨约，我和杨约有交情，愿到长安去办这件事。"杨广听了非常高兴，就派宇文述到长安去找杨约。

宇文述到了长安就请杨约喝酒。他知道杨约贪财，就事先把各种珍宝摆在客厅最显眼的地方。杨约一见就被吸引住了，摸摸这件，看看那件，赞不绝口。宇文述乘机说："这些珍宝都是晋王特地让我送给您的。"杨约十分惊讶，问："这是为什么？"宇文述笑了笑说："这点小礼物算什么，晋王还要送大富大贵给您和越国公（杨素）呢！"杨约更加吃惊了，他说："我杨约虽然谈不上富贵，可是家兄却是富贵已极，哪里还要人送呢？”宇文述说：“虽然您和越国公富贵已极，可还很难说能永远富贵。越国公执掌大权多年，不知得罪了多少人。太子做事，越国公常常反对他，太子能高兴吗？一旦皇上去世，太子登基后能饶过他吗？”杨约忙问：“您有什么高见？”宇文述贴在杨约耳边说：“皇上皇后有意要废除太子，改立晋王，这全仗您一句话了。事成之后，晋王一定感激您，您的富贵还愁不长久吗？”杨约连连点头。

杨约见了杨素，转告了宇文述的话，把杨素也说动心了。杨素答应马上行动。过了几天，杨素便对独孤皇后说：“晋王对父母很孝顺，平时非常节俭，很像皇上。”接着又说了一些太子的坏话。杨素的话正合独孤皇后的心思，独孤皇后便给了杨素很多金银，让他想办法废太子，立晋王。隋文帝派杨素去看望太子时，杨素故意拖延着不进去，想激怒太子。太子果然大怒。杨素回去对隋文帝说：“太子怨恨陛下，我去的时候他正在发脾气，恐怕会发生意外，陛下得多加防范。”隋文帝信以为真，就派人监视杨勇。

杨广又收买了太子的亲信姬威，姬威写表揭发太子说：“太子曾找人算卦，然后高兴地说‘开皇十八年皇上必死，眼看就要到了’。”隋文帝看了之后，流着眼泪说：“想不到太子心肠这样狠毒！”于是下令把杨勇抓起来。

600年，隋文帝贬杨勇为庶人，改立杨广为太子。604年，隋文帝得了重病。杨广认为时机已到，就写信给杨素，询问应该怎样处理隋文帝的后事。没想到，杨素的回信被送信人错送给了隋文帝。隋文帝看了，勃然大怒，立即召杨广责问。

这时候，隋文帝的妃子宣华夫人慌慌张张跑了进来，哭着向隋文帝说：“太子无礼！”原来杨广见宣华夫人长得漂亮，趁宣华夫人换衣服的时候跑去调戏。隋文帝拍着床大骂：“这畜生怎能担当治国的大任哪！快把我儿子叫来。”身边大臣柳述、元岩不知道发生了什么事，正要派人去叫太子杨广。隋文帝气得满脸通红，好半天才说出两个字：“杨勇！”柳述、元岩这才明白隋文帝要重新立杨勇为太子，就急忙去写诏书。

谁知杨广和杨素已经得到消息，他们带着军队，拿着伪造的诏书，包围了仁寿宫。他们假传皇帝的命令逮捕柳述和元岩。随后，他们又用东宫的卫士代替了仁寿宫隋文帝的卫士，把守住宫殿的各个出入口，并命令照顾隋文帝的人一律离开，由右庶子张衡负责一切。大家刚刚走开，只听见殿内一声惨叫，过了一会儿，张衡出来说：“皇上早已死了，你们为什么不及时禀报？”宫内外的人大惊失色，可是谁也不敢说什么。就这样，隋文帝被杨广、杨素一伙害死了。随后，杨广派人给杨勇送信，说皇上有遗诏，要杨勇自尽。还没等杨勇回答，杨广派去的人就把杨勇拉出去杀了。

604年，杨广登上了皇帝的宝座，成为了隋炀帝。

·读一读　查一查·

一统江山

589年，年仅二十岁的杨广被拜为隋朝兵马都讨大元帅，统领五十多万大军南下向富裕、强盛的陈朝发动进攻，并完成统一。隋军在杨广的指挥下，纪律严明、英勇善战，一举突破长江天堑。所到之处，所向披靡，对百姓“秋毫无犯”，对于陈朝库府资财，“一无所取”，博得了人民广泛的赞扬。杨广完成了中国的统一大业，结束了上百年来中国分裂的局面，也结束了中国三四百年的战乱时代。从此中国进入了和平、强盛的时代。

·读一读　悟一悟·

朝代的更替总是伴随着流血的战争，但是这些流血的战争的确推动了时代的发展。

隋炀帝游江都

故事导航

隋炀帝当上皇帝之后，建新城，开运河，运河开通之后为了显示皇帝的威风，开始巡游江都，这给国家造成极大的负担，加速了隋朝的灭亡。

隋炀帝杨广为了加强对全国的控制，并且使江南地区的物资能够更方便地运到北方来，也为了他个人享乐，刚刚即位就办了两件事：一是在洛阳建造一座新的都城，叫东京；二是开凿一条贯通南北的大运河。

605年，隋炀帝派管理建筑工程的大臣宇文恺负责建造东京。宇文恺是个高明的工程专家，他迎合隋炀帝追求奢侈的心理，把工程规模搞得特别宏大。建造宫殿需要的高级木材和石料，都是从长江以南、五岭以北地区运来的，光一根柱子就得用上千人拉。为了建造东京，他每月役使二百万民工，日夜不停地施工。他还在洛阳西面专门造了供隋炀帝玩赏的大花园，叫作“西苑”。西苑方圆二百里，人造的湖和假山、亭台楼阁、奇花异草，园里应有尽有。尤其别出心裁的是，到了树叶凋落的时候，他派人用彩绫剪成花叶扎在树上，使这座花园四季如春。

隋炀帝特别喜欢外出巡游，一来是游玩享乐，二来就是向百姓摆威风。从东京到江都的河段刚刚完工，隋炀帝就带着二十万人的庞大队伍到江都去巡游。

隋炀帝早就派官员造好了上万条大船。出发那天，隋炀帝和他的妻子萧皇后等分乘两条四层高的大龙船，船上有上百间宫室，装饰得金碧辉煌；接着就是宫妃、王公贵族、文武官员坐的几千条彩船；后面的几千条大船，装载着卫兵和他们带的武器、帐幕。这上万条大船在运河上依次排开，船头、船尾连接起来，竟有二百里长。这样庞大的船队，怎么行驶呢？那些专为皇帝享乐打算的人早就安排好了。运河两岸修筑好了柳树成荫的御道，八万多名民夫被征调来给他们拉纤，还有两队骑兵夹岸护送。河上行驶着光彩耀目的船只，陆地上飘扬着彩旗。一到晚上，灯火通明，鼓乐喧天，真是说不尽的豪华景象。

为了满足船队大批人员的享受需要，隋炀帝命令两岸的百姓给他们准备吃的喝的，叫作“献食”。那些州县官员就逼着百姓办酒席，有的州县送的酒席达上百桌。别说隋炀帝吃不了，就连他带的宫女太监、王公大臣一起吃也吃不完，剩下的许多菜就在岸边掘个坑埋掉。而那些被迫献食的百姓，却被弄得倾家荡产了。

隋炀帝到了江都，除了尽情游玩享乐外，还大摆威风。为了装饰一个出巡时用的仪仗，他就花了大量人力，耗费的钱财更是数不清。隋炀帝这样整整闹腾了半年，才耀武扬威地回到东都。

从此以后，隋炀帝几乎每年都出巡。有一次，他从陆路到北方去巡视，役使河北十几个郡的民夫开凿太行山，铺一条巡行的道路。为了巡行的安全，他又征调了一百多万人修筑长城。然后，他才在将士的护卫下，在北方边境上巡行了一圈。北方没有现成的宫殿，好在隋炀帝身边的宇文恺是个巧匠，专门为他造了一个活动宫殿，叫作“观风行殿”。这种宫殿可以容纳侍卫几百人，使用的时候组装起来，不用的时候可以拆卸装运；下面装着轮子，可以随意移动。这在当时可算是一种发明，可惜只是供隋炀帝一个人享乐罢了。

隋炀帝建东京，开运河，筑长城，加上连年的大规模巡游，带来的无休无止的劳役和越来越重的赋税，把百姓压得喘不过气来，但是骄奢淫逸的隋炀帝却没有一点收敛。为了炫耀武功，612年，他发动了第一次对高句丽的战争。

这一年，他从江都乘龙船，沿着大运河直达涿郡，亲自指挥这场战争。他下令全国军队不论远近，一律向涿郡集中。为这次作战，隋炀帝做了不少准备。611年，他派人在东莱海口督造兵船三百艘。造船的民夫在官吏的监视下，日日夜夜在海边造船，得不到休息。他们下半身泡在海水里，时间一久，从腰部以下都腐烂得生了蛆，许多人受不了这样的折磨，死掉了。

同年，隋炀帝又命令河南、淮南、江南各地督造五万辆大车送到高阳，给兵士运输衣甲、帐幕；又征调民夫和船只把黎阳（今河南浚县西南）、洛口（今河南巩义东北）仓的粮食运到涿郡。于是，无数的车辆、船只不分白天黑夜，沿着陆路和运河源源不断地由南向北行驶，形成滚滚洪流。几十万运输物资的民夫，有许多在半路上累死饿死，沿路都是倒毙的尸体。由于民夫死亡太多，耕牛也被征去拉车，田园荒芜，民不聊生。可叹的是，隋炀帝发动了三次对高句丽的战争，全然不顾百姓的生死。

隋炀帝最后一次下江都时，隋朝的统治已经摇摇欲坠了，全国不断燃起农民起义的烈火。在这样的情形下，隋炀帝也开始坐卧不安，有时候在梦中也会惊呼狂叫起来。荒淫残暴的隋炀帝，已经预感到自己末日的来临。

·读一读　查一查·

大运河

举世闻名的京杭大运河，是世界上开凿最早、最长的一条人工河道。大运河北起北京，南达杭州，流经北京、河北、天津、山东、江苏、浙江六个省市，沟通了海河、黄河、淮河、长江、钱塘江五大水系，全长1747千米。在中华民族的发展史上，大运河为发展南北交通，沟通南北之间经济、文化等方面的联系做出了巨大的贡献。

·读一读　悟一悟·

隋炀帝当上皇帝之后，不再安心于治理国家，而是贪图享乐，不理朝政，导致国家的灭亡。所以做人要时刻保持清醒的头脑，不能骄傲自满。

瓦岗军起义

故事导航

隋炀帝独断专行、自以为是，不喜欢臣下进谏，还诛杀了好多元老重臣，使朝臣们不敢讲真话，统治阶层内部分崩离析。隋炀帝对人民残酷的剥削和压迫，迫使人民揭竿而起，全国各地掀起了起义的浪潮。

隋炀帝独断专行，自以为是，不喜欢臣下进谏，还诛杀了好多元老重臣，使朝臣们不敢讲真话，统治阶层内部分崩离析，更让他自己众叛亲离。隋炀帝对人民残酷的剥削和压迫，迫使人民揭竿而起，全国各地掀起了起义的浪潮。

隋炀帝在第二次发动对高句丽的战争时，派杨玄感督运粮草。杨玄感想利用天下混乱的局势，把隋炀帝推翻，他发动运送粮草的八千名民工起义，把老朋友李密请来当谋士。但是，杨玄感急于求成，出兵攻打洛阳。隋炀帝收到告急文书，立即派大将宇文述等带领大军分头攻击杨玄感，很快就把这支起义队伍给消灭了，杨玄感被杀。

李密趁着混乱逃跑，去投奔了一支比较强大的起义军。这支起义军以瓦岗寨为根据地，多数成员都是擅长使用长枪的渔民和猎户，还有一些贫苦农民，个个骁勇善战。瓦岗军的首领翟让，作战英勇，而且有胆略、有气度，在瓦岗军中有很高的威望。他率领瓦岗军专门打击官府富豪，前来投奔的人越来越多，起义军队伍扩大到一万多人。

李密参加瓦岗军后，帮助翟让整顿队伍，还积极联络附近各部起义军，说服他们与瓦岗军联合，听从翟让指挥。翟让非常高兴，对李密越来越信任。李密鼓励翟让干一番大事业，建议首先攻打荥阳。在李密的帮助下，翟让很快获得了胜利。

隋炀帝派大将张须陀带重兵来镇压。李密请翟让正面迎敌，自己则在荥阳大海寺北面的丛林里设下埋伏，待翟让把张须陀率领的官军引进圈套，李密将隋军全部歼灭，张须陀成了瓦岗军的刀下鬼。从此，瓦岗军声威大震，李密的威信也越来越高了。他不但要求部下纪律严明，而且自己能以身作则，生活也过得很俭朴，从而赢得了瓦岗军上下的拥戴。

攻打荥阳胜利后，617 年春天，李密又建议翟让趁隋炀帝到江都巡游且东都洛阳空虚的机会，赶紧进攻洛阳。不料行动被隋军察觉，隋军加强了对洛阳的防御力量。李密当即改变计划，建议先攻打洛阳附近的兴洛仓，瓦岗军大获全胜。据推算，兴洛仓是隋朝最大的一个粮仓，瓦岗军把它攻克后，马上开仓放粮。常年挨饿的百姓，从四面八方奔向粮仓，当他们领到粮食时，一个个眼中含着泪花，对瓦岗军充满了感激之情。

贫苦的农民纷纷参加瓦岗军，孟让、郝孝德等率领的起义军也来归附，瓦岗军很快发展到几十万人，占领了河南大部分郡县。这时，翟让感到自己的能力不如李密，就把首领的位子让给了他，推举他为魏公。李密兼任行军元帅，政权机构称“行军元帅魏公府”。

李密在整顿内部机构的同时，发布檄文，声讨隋炀帝的罪行，号召人民起来推翻隋王朝。他还大量起用隋朝的降官降将，这引起一些起义军部将的不满。为了巩固自己的地位，李密设计杀害了翟让。从此，瓦岗军内部发生严重分裂，开始走下坡路了。

此后，李密一边与隋军大将宇文化及作战，一边派人到洛阳朝见隋越王杨侗，受封官爵。后来李密与隋将王世充交战失败，入关投降了唐朝，不久又因反唐被杀。

·读一读　查一查·

高句丽

高句丽（前37年-668年），史书中也写作“高句骊”，又叫“高氏高丽”，是公元前一世纪至公元七世纪在我国东北地区和朝鲜半岛存在的一个民族政权， 与百济、新罗合称朝鲜三国时代。其人民主要是濊貊和扶馀人，后又吸收了鞣鞨人、古朝鲜遗民及三韩人。

·读一读 悟一悟·

翟让自知自己的能力比不上有勇有谋的李密，于是主动把自己的位置让给了他，这种主动让贤的精神值得赞扬。

·小小资料库·

古代年龄的称谓

垂髫是三四岁至八九岁的儿童，总角是八九岁至十三四岁的少年（古代儿童将头发分作左右两半，在头顶各扎成一个结，形如两个羊角，故称“总角”）。豆蔻是女孩十三四岁至十五六岁。束发是男子15岁（到了15岁，男子要把原先的总角解散，扎成一束）。弱冠是男子20岁（古代男子20岁行冠礼，表示已经成人，因为还没达到壮年，故称“弱冠”）。而立是男子30岁，不惑是男子40岁，知命是男子50岁，花甲是60岁，古稀是70岁，耄耋指八九十岁，期颐指100岁。

唐朝

一、十分钟了解唐朝

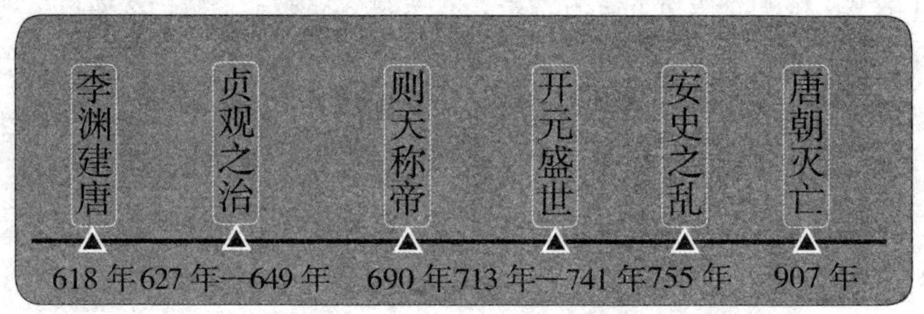

唐朝是中国历史上重要的朝代之一，其政治、经济和文化都十分发达，对其他国家产生了深远的影响，首都长安更是世界文化、艺术中心。唐朝是中国历史上最早实行“对外开放”的历史时期，现在国外的“唐人街”就是那个时代文化交流的证明。连很多外国人直到现在还习惯将中国人称为“唐人”。唐代历史非常复杂，大体上经历了以下重要的时期。

1. 李渊建唐

李渊是隋炀帝的姨表兄弟，他的母亲和隋炀帝的母亲是鲜卑贵族独孤氏的亲姐妹，他在很长一段时间内深受隋炀帝的重用。在太原，李渊成功地解决了北方突厥的威胁，打败了多支反隋军队，不断地扩大自己的力量。617年7月，李渊正式开始起兵反隋。他从太原出发进攻长安并很快就占领了长安。他拥代王杨侑做皇帝，自封为大丞相和唐王。618年，隋炀帝被叛军杀死后，李渊命令杨侑将帝位传给他，建立唐朝。

2. 贞观之治

626年，李世民在长安城宫城玄武门发动政变，杀了哥哥李建成、弟弟李元吉，强迫高祖让位，自己即位为帝，次年改年号为贞观。他不计出身，聚集了一大批精明强干的大臣，不论降将还是李建成的大臣，他都一概重用。魏征是前太子李建成的幕臣，太宗登位后不计前嫌，而且事事听从魏征的劝谏。这时期社会秩序安定，经济繁荣，历史上称为“贞观之治”。

3. 则天称帝

武则天在载初元年（690年）废睿宗称帝，改国号“唐”为“周”，改元天授，定都洛阳，武后也成为中国王朝历史上唯一自称皇帝的女人，执政十六年。为了排除大臣对女子称帝的争议，她自造“曌”字，改名“武曌”，把自己比作空中的太阳和月亮，光照天下。武则天广开做官门路，凡是有才能的人，都可以自我推荐，狄仁杰就是其中最优秀的代表。这样在大量人才的辅佐之下，唐代经济继续繁荣发展。

4. 开元盛世

712 年，李隆基即位，即唐玄宗，又称唐明皇。唐玄宗在位 45 年，前期（开元年间）政治比较清明，经济迅速发展，唐朝进入全盛时期，这就是“开元盛世”，被认为是继汉武帝时期之后，中国历史上出现的第二次鼎盛局面。都城长安城成为当时世界上最大的城市，便利的交通，唐朝的优厚政策，使得各国来往的商人络绎不绝，大量的外国留学生来到大唐，仅 848 年学成归国的新罗留学生就有一百多人。新罗人崔致远还考中进士，留在唐朝做官。

5. 安史之乱

唐玄宗改元天宝后，志得意满，决意放纵享乐，从此不问国事。唐玄宗任用有“口蜜腹剑”恶名的李林甫为宰相长达十八年，使得朝政败坏。李林甫死后又以杨国忠为相，此时期又开始出现了宦官干政的局面，高力士的权势炙手可热。边将安禄山掌握重兵，玄宗天宝十四载（755 年）十一月趁唐朝政治腐败、军事空虚之机和史思明发动叛乱，史称“安史之乱”。唐玄宗逃到成都，太子李亨在灵武称帝，是为唐肃宗，奉玄宗为太上皇。安禄山则自称大燕皇帝，年号圣武。经过近八年时间这场叛乱才被平定。大唐从此走向衰败，直至最后灭亡。

二、唐朝之最

1. 最灿烂的文学成就

唐朝最令人瞩目的文学成就可算唐诗。这一时期出现了很多伟大的诗人，“诗仙”李白、“诗圣”杜甫、“诗佛”王维等。他们的诗作风格各异，既有对神话世界的丰富想象，又有对现实生活的细致描写。既有描写战场杀敌的边塞诗，也有描写百姓疾苦的叙事诗，还有描写田园生活的田园诗。

2. 最出色的书法成就

颜真卿少时家贫缺纸笔，用笔蘸黄土水在墙上练字，他的楷书用笔肥厚，内含筋骨，劲健洒脱，其代表作有《多宝塔碑》。德宗时，李希烈叛乱，颜真卿为了国家，亲赴敌营，劝说李希烈，被李希烈杀害。柳公权二十九岁考中进士，在地方担任一个低级官吏，后来偶然被唐穆宗看见他的笔迹，被召到长安。穆宗曾问柳公权如何用笔，柳公权答：“心里正直笔才会拿得正，才可以叫作书法。”敢同皇帝这样说话，可见他的勇气与胆量。柳公权的字体劲健，代表作有《玄秘塔碑》，世人称颜柳二人书法为“颜筋柳骨”。

3. 最辉煌的绘画成就

吴道子小时候就失去双亲，生活贫困，为了生计向民间画工和雕匠学习。由于他刻苦好学，才华出众，二十岁时，就已经很有名气。皇帝把他召入宫中担任宫廷画师，为他改名道玄。当时的都城长安是中国的文化中心，汇集了许多著名的文人和书画家。吴道子经常和这些人在一起，相互促进、提高技艺。吴道子被称为“画圣”，他擅长人物、山水，并吸收了西域画派的技法，画面富于立体感，有“吴带当风”之说。

4. 最狂放的诗人

李白被称为“诗仙”，是唐朝最杰出的诗人之一，他游历天下，佳作如云。唐玄宗召他进京，曾经亲自上前迎接。他曾让杨贵妃为他研墨，让宠臣高力士为他脱靴，“诗圣”杜甫赞他“李白一斗诗百篇，长安市上酒家眠。天子呼来不上船，自称臣是酒中仙”。

5. 最伟大的和尚

玄奘的取经之路，山高水远，困难重重。没有现代交通工具的时代，他用双脚丈量万里征程；人烟稀少的路上，他用信念与意志遮风挡雨。贞观十七年，玄奘返回长安，人们夹道欢迎。不久，唐太宗接见并劝其还俗出仕，玄奘婉言辞谢，尔后留长安弘福寺译经，成为汉传佛教史上最伟大的译经师之一。他是中国佛教唯识宗创始人之一，也是中国著名古典小说《西游记》中中心人物唐僧的原型。

三、故事精选

唐高祖称帝

故事导航

隋朝后期，隋炀帝不理政事，中原混乱。隋炀帝被禁军所杀后，羽翼丰满的李渊趁此机会登上帝位，建立大唐王朝。

李渊出生在隋王朝的一个贵族家庭，他的祖父李虎是西魏最高军官“八柱国”之一，北周时被追封为唐国公，父亲李昞是北周时的柱国大将军。李渊的母亲是隋文帝独孤皇后的姐姐。李渊幼年丧父，七岁便继承了唐国公的爵位。李渊长大后，为人洒脱，性格开朗，待人宽容。隋取代北周后，十五岁的李渊被任命为隋文帝的禁卫武官——千牛备身，开始了他的政治生涯。

617 年，五十多岁的李渊在太原起兵，杀掉太原副留守王威、高君雅，迈出了兴唐灭隋的第一步。随后，李渊做出了富有政治远见的重大决策：他派人出使突厥议和，表示愿意永远结为盟好，并请求出兵协助伐隋。这不仅消除了他挥师南下的后顾之忧，还得到外来援兵，壮大了自己的声势。他又招募兵员，制造弓箭，蓄养马匹，积极扩大自己的武装力量。与此同时，李渊广泛利用自己的社会关系和政治地位，争取各界人士的支持，获得了人力、物力、财力的巨大援助。在短短的一百二十多天内，李渊便占领了关中，攻下了长安。

李渊攻进长安以后，本可以立即称帝建国，但他没有这样做，而是从有利于兴唐灭隋的战略角度，十分机智地处理各种复杂的问题，表现了他的远见卓识。李渊立隋炀帝的孙子——十二岁的代王杨侑做皇帝，即隋恭帝，尊当时在江都的隋炀帝为太上皇，自己做大丞相。这样，他既取消了隋炀帝的帝位，又可以利用杨侑这块招牌去招降隋朝的文武官员，把全部大权操纵在自己手里。

618年，李渊称帝登基，国号为唐，改年号为武德，定都长安。三十多年前，杨侑的曾祖父杨坚篡周，逼着小皇帝宇文阐禅位；三十多年后，李渊又逼使杨坚的曾孙让位，历史有时就是这么惊人地相似。

李渊称帝后，百废待举。他一面组织力量进行统一全国的战争，一面注意加强政权建设。唐朝前期的政治、经济、文化、军事制度，在李渊时期初具规模。

在政治方面，李渊继承了隋朝的制度，并在此基础上进行一些发展。唐朝中央建立的政治制度，概括地说是三省六部二十四司。三省是尚书省、中书省和门下省。尚书省掌管全国政令，是命令的执行机关，下属共有六部，即吏、户、礼、兵、刑、工。

吏部掌管官吏的选用、考核与奖惩；户部掌管户籍和赋税；礼部掌管礼仪和科举；兵部掌管军事；刑部掌管刑狱；工部掌管土木工程。每部又分四司来作为办事机关。中书省负责皇帝诏书的起草。门下省则是审核中书省起草的诏书，不合适的驳回修改。

地方的政权机构基本是两级，即州和县。长官分别是刺史和县令。刺史每年要巡查各县，考核官员政绩，还负责举荐人才。县令要负责一县的各种事务，官虽小，却是最繁忙的。

在经济方面，唐高祖李渊在实行均田制的基础上，又实行了租庸调制：受田的农民，每丁每年要交粟二石，这是租；每年交绢二丈、绵三两，或者交布二丈五尺，麻三斤，这是调；每丁每年服役二十天，不服役的可以折算为每天纳绢三尺或布三尺七寸五分，这是庸。假如官府额外加了役期，加够十五天则免调，加三十天免租、调。每年的加役最多三十天。唐朝的租庸调制与隋朝的相比，用庸代替服役的条件放宽了很多，更有利于农民从事农业生产。

在文化教育方面，李渊推崇儒学，儒家的经书是教学的重要材料，如《周易》《左传》《礼记》《尚书》。李渊还下诏编撰了《艺文类聚》，这是一部类编图书，引用的古籍共有一千多种，为后人保存了很多有价值的历史资料。

隋朝灭亡后，唐朝的帝王承袭了隋朝传下来的人才选拔制度，并做了进一步的完善。由此，科举制度逐渐完备起来。

在军事制度方面，建立府兵制，这是一种职业兵制。这种制度创始于西魏的宇文泰时期，经过北周、隋朝，沿用至唐朝。在太原起兵进军长安的途中，李渊就逐步将手下军队纳入了府兵制度中。府兵制将练兵权和领兵权分离，以防止将领拥兵自重，对抗中央。府兵制建立在均田制的基础上，是兵农合一的制度，士卒平时在家生产，战时出征。农闲时由兵府负责操练，提高战斗力。在隋文帝时期，曾实行这种制度。府兵的重要职责是轮流到京师或者边塞服役，叫作“番上”，战时则出征御敌。在服役期间，士兵可以免除自身的租和调，但不论“番上”还是出征，所需的兵器、衣服和粮食等都要由自己负责筹备。府兵制从根本上减轻了国家的负担，它不但能扩大兵源，也能保证战斗力。

唐朝开国后，许多地方还处于分裂状态，农民起义军和隋朝残余将领割据各地。李渊在长安安定之后便开始了长达十年的统一战争。

·读一读　查一查·

阴世师

隋朝大将，武威（今属甘肃）人。性情忠厚，武艺高强，隋炀帝时任张掖太守，由于他英勇善战，戎狄非常怕他。后来留守长安。李渊攻长安时，他认为李渊背叛皇帝大逆不道，于是诛杀了李渊的亲属、挖了李家的祖坟，李渊攻城后终于报仇雪恨，杀了阴世师。他的女儿后为唐太宗德妃，生齐王李佑。

·读一读　悟一悟·

隋炀帝杨广整天沉湎于酒色之中，根本不理朝政，不顾百姓的死活，所以隋朝灭亡是理所当然的。当权者只有爱护百姓，才会得到百姓的拥护。

玄武门之变

故事导航

李世民在战争中立下功劳，太子害怕李世民威胁到他的位置，几次想要杀害李世民，最后李世民发动玄武门之变，坐上皇位，成为唐太宗。

李渊即位以后，立长子李建成为太子，封次子李世民为秦王，第四子李元吉为齐王。三个人当中，数李世民功劳最大。太原起兵，原是他的主意，在之后的战斗中，他立的战功也最多。李建成的战功不如李世民，只是因为他是唐高祖的大儿子，才取得了太子的地位。

李世民有勇有谋，手下还有一大批人才。在秦王府中，文有房玄龄、杜如晦等，武有尉迟恭、秦琼、程咬金等。太子李建成知道自己的威信比不上李世民，十分妒忌，就和弟弟齐王李元吉联合，一起排挤李世民。

表面上，兄弟三人还很和睦，可是背后，李建成时时想除掉李世民。有一回，李渊由三个儿子陪同外出狩猎。李建成有一匹烈马，它虽然跑得快，却有个致命的弱点：前腿软，在奔跑时会突然跌倒。李建成让李世民骑着这匹马追捕猎物。李世民不知这匹马的毛病，就骑上马追赶一只鹿。这匹马速度超群，比鹿还快。眼看就要追上鹿时，突然马失前蹄，李世民猝不及防，从马背上翻下，说时迟，那时快，李世民一个前空翻，稳稳地站在了地上！

李世民是聪明人，马上明白大哥要用这匹马来暗害他。但是李世民不在乎，因为这几年东征西讨，他多数时间是在马背上度过的，也练就了一身过硬的本领，所以他又翻身上马，继续奔跑。他连续从马背上掉下来三次，却没碰破一点皮！李世民把马交还给李建成的侍卫，对站在一边的宇文士及说："想用马暗害我？可惜生死有命，枉费心机！"

又一天，李建成请李世民到东宫喝酒。几杯酒下肚，李世民突然肚子剧痛，回到自己住的西宫以后，竟吐起了血，直到御医给他服了药，才渐渐好了。

李渊得到消息，猜想是大儿子对二儿子下了毒手。尽管如此，他仍然不忍心废掉太子，但又不想让二儿子再受伤害，于是他想了一个自认为两全其美的办法：派李世民去洛阳，管理陕州以东的州郡。李世民觉得这样也不错，就答应了。李建成和李元吉听到这个消息，非常紧张，认为让李世民去洛阳是放虎归山，便找一些大臣向李渊上书，说李世民去洛阳会有分裂国家的危险。李渊一听觉得有理，这件事就作罢了。

李建成、李元吉还处心积虑地拉拢李世民的亲信。他们首先看好的是尉迟恭。李建成派心腹送给尉迟恭一车金银珠宝，说明来意。谁知尉迟恭不仅拒收金银，送走来使后还向李世民报告了。

李建成为了扫除李世民及其亲信，各种手段一齐使用。收买这一招失败后，他并不气馁，又向皇帝密告李世民的天策府谋士房玄龄、杜如晦行为不轨，应将他们逐出天策府；另外，他还向皇帝进谗言，外派李世民部下程咬金去康州任刺史。程咬金虽是武将，却也粗中有细，看出了其中有问题，他对李世民说："我至死不去康州，我要保护大王。大王的羽翼一旦除尽，他们就该谋害大王了，请大王尽早决断！"

李世民意识到形势严峻，召集天策府文官武将商讨对策。这时，传来消息，突厥又来骚扰了，李建成举荐李元吉率兵出征，以免李世民掌握兵权，并欲借机将李世民部下尉迟恭、程咬金等大将一齐杀掉。李世民将此事告诉李渊，李渊要第二天亲自审问，让李世民、李建成、李元吉等人同时参加。

李世民一次次地忍让，最后达到了极限。当时的情况已不仅是个人生死的问题，而且是关系到唐朝江山将来落入谁手、向何处发展的大问题，他决定狠下心来反击了。当天深夜，李世民和长孙无忌等埋伏在玄武门。天刚蒙蒙亮，李建成和李元吉骑着马进宫。二人觉得四周情形与往日不同，李建成回马刚要走，李世民这时从墙后出来招呼他。李元吉做贼心虚，想先下手为强，就摘弓搭箭，朝李世民射去。哪知他心慌力弱，连发三箭，箭箭射空。

李世民不再迟疑，对准李元吉拉满了弓，李建成见状高喊："四弟小心……"话未说完，李世民射出的狼牙箭直奔他而来，李建成猝不及防，咽喉中箭身亡。与此同时，喊声四起，尉迟恭率领七十名骑兵如从天降。李元吉催马便跑，尉迟恭一箭射中他的后心，李元吉当场毙命。

李渊知道消息后，也无可奈何，在这种情形下，只好立李世民为太子了。历史上把这次政变叫作"玄武门之变"。

魏征是李建成所在的东宫的官员，经常给李建成出谋划策。李建成被杀后，魏征被抓到李世民面前，将领们准备让李世民审完后杀掉他。魏征在李世民面前大义凛然，无所畏惧。李世民佩服他的胆略和才能，不仅没有杀他，而且还留他在自己身边。另外，李世民对前东宫和李元吉齐王府的官员都不追问，这些官员对他感激涕零。

此时，唐朝大权已掌握在新太子李世民手中。武德九年（626年）八月在东宫显德殿中，李世民即位当了皇帝，即唐太宗。李世民在第二年改元贞观，是为贞观元年。李渊被尊为太上皇。

·读一读　查一查·

爱给皇帝提意见的魏征

魏征是唐太宗时期最有名的丞相，能够犯颜直谏，即使太宗在大怒之际，他也敢面折廷争，所以，唐太宗有时对他也会产生敬畏之心。有一次，唐太宗想要去秦岭山中打猎取乐，行装都已准备停当，害怕魏征又要直言进谏，所以迟迟未能成行。还有一次太宗得到了一只上好的鹞鹰，把它放在自己的肩膀上，很是得意。但当他看见魏征远远地向他走来时，便赶紧把鸟藏在怀中。魏征故意奏事很久，致使鹞鹰闷死在怀中。

·读一读　悟一悟·

唐太宗不计较魏征是前任太子李建成的部下，反因魏征有才华而对他委以重任，并对魏征的直言劝谏从善如流，所以唐朝才有贞观之治的繁荣局面。

玄奘西行

故事导航

贞观年间的玄奘对佛教产生很多疑问，为了解除心中的迷惑，他决定去佛教发源地印度取回真经。历时十几年，玄奘译出经、论七十五部、凡一千三百三十五卷，为我国乃至东方佛教的传播做出了巨大贡献。

唐太宗李世民征服东突厥以后，西域各族人和亚洲许多国家的人，不断地来到长安。在这一时期，我国高僧玄奘也历尽艰辛前往印度去取经。

玄奘是长安大慈恩寺的和尚，洛州缑氏(今河南偃师缑氏)人，原姓陈。玄奘对佛教文化做出了空前的贡献。十三岁那年，他出家做和尚，认真研究佛学，后来到处拜师学习，精心钻研佛教经典。玄奘发现国内的佛经对一些重要的理论问题分歧很大，难以融合，便想到天竺（古印度别称）去学习考察。

627年(一说629年)，玄奘踏上西行征途，途中历尽千辛万苦。玄奘在迦湿弥罗国（今克什米尔地区）苦学两年，把佛教徒第四次结集的三十万卷佛经全部读完。两年后，玄奘开始旅行全印度，访问佛教古迹，向名师学习。最后，他来到了印度的那烂陀寺。

那烂陀寺的长老是年高德重的戒贤法师。在那烂陀寺学习的四千名和尚中，精通二十部经律论的有一千人，精通三十部经律论的有五百人，精通五十部经律论的，包括玄奘在内，只有十人。玄奘在那里被称为“三藏法师”，地位非常尊贵。因为玄奘是中国唐朝人，所以又被称为“大唐三藏法师”。

641年，戒日王请那烂陀寺的高僧去参加辩论，戒贤法师派出了玄奘。结果玄奘大获全胜，名扬全印度。玄奘在印度访问了数百座寺院，同僧人探讨佛经，一晃十几年过去了。他开始的时候以学习为主，后来则以讲学为主。

贞观十七年（643年）春，离开长安十多年的玄奘启程返回大唐。玄奘带回佛经六百五十七部，舍利一百五十粒，释迦牟尼金质塑像一座，以及其他金质、银质佛像和花果种子。

玄奘走到的地方，几乎都有人请他讲经，以至于第二年秋天，他才走到于阗（今新疆和田一带）。他把这十几年的简况写了表文托人捎至长安给太宗李世民。李世民看了表文很高兴，让玄奘速来长安见面。645 年玄奘回到长安，唐太宗亲自接见玄奘。

玄奘不愿做官，决心把印度佛经译成汉文。翻译之余，他还自己口授，由弟子执笔完成了《大唐西域记》一书，全面记载了他游学异国的所见所闻。664 年的一天，玄奘在紧张的翻译工作中猝然逝世。唐高宗悲痛地说：“从此，僧侣们失去了导师，佛教失去了栋梁，而朕失去了国宝，失去了国宝！”

· 读一读　查一查 ·

《大唐西域记》

《大唐西域记》简称《西域记》，为唐代著名高僧玄奘口述，门人辩机奉唐太宗的命令编辑而成。《大唐西域记》共十二卷，成书于唐贞观二十年（646年），为玄奘游历印度、西域旅途之见闻录。其中，包括玄奘游学五印，大破外道诸论的精彩片段，高潮迭起。

· 读一读　悟一悟 ·

玄奘不畏艰难踏上遥远的取经之路，虽然一路上经历重重危险，但是他从没有放弃自己的目标，最终取得了成功。他坚定信念、永不放弃的精神值得我们学习。

独一无二的女皇帝

故事导航

武则天是中国历史上的一个传奇。她在一个千百年来一直教导女子顺从的国度里雄飞高举，君临天下。在她的时代，禁区可以突破，命 运可以改变，大唐气象千古流芳；在她的身后，正史和野史，留下了种种扑朔迷离的记载，给这位传奇女子平添了许多神秘色彩。

武则天是我国历史上独一无二的女皇帝。从690年废唐睿宗，自称“圣神皇帝”开始，到705年唐中宗复位，上尊号“则天大圣皇帝”，她足足当了十五年皇帝。如果算上实际操纵朝政的时间，她当政差不多有五十年之久。

武则天（624年—705年），称帝后自名曌，并州文水（今山西文水东）人。她的父亲原来是个木材商人，后来跟随李渊起兵反隋，唐朝建立后被任命为工部尚书、利州都督、荆州都督，封应国公。

武则天从小聪敏机智，性格倔强。因为她容貌姣好，又有才学，所以她在十四岁的时候，就被唐太宗召选入宫，封为“才人”。她以美貌和聪明伶俐受到太宗的宠幸，被赐名“武媚”。

武则天的容貌妩媚，性格却很刚烈。相传，唐太宗得到了一匹马，取名叫狮子骢，马性暴烈，桀骜不驯。媚娘入宫不久，就向太宗请求驯马。太宗问她的驯技如何，她说：“我只需要三件东西：皮鞭、铁杖和匕首。它不听话就用鞭子抽它；鞭而不驯，就用铁杖猛击它的头；杖而不服，就用匕首刺破它的喉咙！”唐太宗虽是从乱世中杀出来的英雄，见多识广，但还没有见过女子如此敢作敢为，心肠如此坚硬，甚至可以说是狠毒，唐太宗不由得对这个年纪还小的女子起了戒心。

太宗死后，武则天和其他的妃子、宫女被遣送到感业寺当尼姑，但她并不甘心就此了却一生。她忍辱偷生，等待时机，终于得到了高宗的宠爱，被接回了皇宫。

武则天虽然性烈不驯，但自回宫后，事事忍让，谦恭有礼，深得高宗与皇后的宠爱，后来被晋升为“昭仪”（位列九嫔之首，正二品）。没过多久，唐高宗就和武则天如胶似漆，形影不离，渐渐把王皇后疏远了。

武则天十分得意，还想进一步夺取皇后的位子。她先是利用王皇后与萧淑妃的矛盾，诋毁萧淑妃，使萧淑妃被废为平民；然后，又想办法离间唐高宗与王皇后。最后终于自己当上了皇后。

起初，她在皇后尊位上施展才能，纵横捭阖，发展了自己的势力集团。接着，她利用高宗的昏庸无能，迫使高宗按她的意旨决定朝政之事。虽然武则天与高宗并称“二圣”，但实际上朝中大权尽在她的掌握之中。每一次图谋的成功，都推动她的政治欲望不断膨胀，最后她的目标只剩下皇位。尽管后来高宗对她的野心有所觉察，但已经无可奈何。

唐高宗死后，武则天大权在握，想自己当皇帝。姓李的皇族宗室誓死反对，武则天把他们一个个的打败。后来有个和尚伪造了一部佛经，说是佛祖派武则天下凡代替唐朝统治天下，许多人都劝她做皇帝。在公元690年，武则天称帝，改国号为周。

武则天平时喜欢把自己打扮成男皇帝的样子处理国家大事，她知道很多人不服一个女人来统治，所以特别严厉，有人胆敢与她作对，便会遭到酷刑。但是她并不是只知享乐游手好闲的愚蠢皇帝。武则天做事非常认真，管理国家很有方法。

武则天很看重人才，特别重视科举考试。科举的意思就是国家设立考试科目，通过考试来选拔官吏。参加考试的人，必须先通过自己家乡的考试，再到省城考，最后到京城考。无论贵族还是平民，只要考得过就可以做官，所以许多人拼命的考试。相传黄河流经山西龙门时，水流湍急，河中鲤鱼却逆流而上，只要跳过龙门就能化身为龙。所以人们把参加科举金榜题名的人说成鲤鱼跃龙门。

武则天会在宫殿内亲自面试考生，即殿试。此外专门开设武举的科目，选拔武艺高强的人。所以每到考试的季节来临，长安城内来自全国各地的考生络绎不绝，很多人把一生的希望都寄托在科举考试上。

武则天当了二十几年的皇帝，晚年的时候她不知道把皇位传给谁，如果传给姓武的侄子，在她死后武家和李家必有一番争夺杀戮；如果传给自己的儿子，皇权又回到了李家手中。结果大臣趁她年老病重时拥护她的儿子继位，国号又改回唐。

·读一读　查一查·

武则天无字墓碑

武则天的墓碑为何无字？众说纷纭，大致有以下几种说法：一说，她政绩斐然，彪炳史册，在一块碑记里是写不完的，留下空碑一座，用来表示自己功高盖世。二说，武则天知道自己执政中篡权改制，任用酷吏，屡兴大狱，滥杀无辜，罪孽深重，本无功可记，无德可载，与其让后世笑话，不如一字不刻。还有一说，武则天一生聪颖机警，常作惊人之举，传说，武则天临终前曾说："己之功过，由后人评。"立无字碑之举意在千秋功罪让后人评论。

·读一读　悟一悟·

武则天很有才华，可惜生在重男轻女的封建时代，她不能凭借正常的手段施展自己的才华，这也是她的悲剧吧。

宋朝

一、十分钟了解宋朝

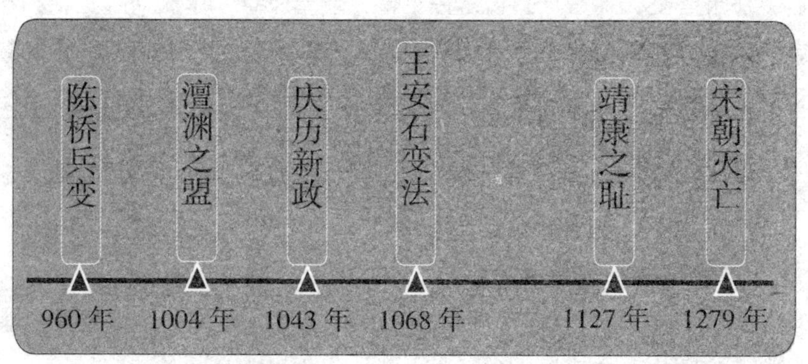

宋朝（960年—1279年）是中国历史上上承五代十国、下启元朝的时代，根据都城及疆域的变迁，可再分为北宋与南宋，合称“两宋”。宋朝为了避免唐代末期以来藩镇割据和宦官乱政的现象，采取重文轻武的施政方针，造成军事上力量较弱，1127年徽、钦二帝被金人掳去，迫使宋室南迁；1279年，崖山亡国。但宋朝同时也是中国历史上经济与文化教育最繁荣的时代之一。

1. 陈桥兵变

960 年，后周大将赵匡胤借口北汉与辽联合南下进扰，率军出大梁至陈桥驿，让手下将士在他睡觉时给他穿上黄袍，拥立他为皇帝。当晚，大将高怀德捧着黄袍，不由分说就披在了赵匡胤的身上，三军高呼“万岁”，响彻云霄。赵匡胤推辞再三，众人以死相胁，最后赵匡胤依刘邦故事约法三章，率大军向东京进军，逼年幼无知的后周皇帝让位，建立宋朝，赵匡胤就是宋太祖。

2. 澶渊之盟

宋真宗景德元年（1004 年），辽萧太后与辽圣宗耶律隆绪以收复瓦桥关为名，亲率大军深入宋境。宋廷朝野震动，真宗畏敌，因宰相寇准、毕士安坚持，无奈亲至澶州督战。双方于十二月初达成停战协议，宋真宗于次年年初与辽订立和约，这就是“澶渊之盟”。以每年三十万的岁币（当时宋年收入一亿以上，而宋当时一场中等规模的战事所耗费的军费就高达三千万以上）换得北宋幽燕地区的和平，朝廷可以将主要的精力放在内政建设和西北的战事上（与西夏的战争）。此后，北宋在经济文化上迈向巅峰时期。

3. 庆历新政

宋朝仁宗庆历年间进行的改革。宋仁宗时，官僚队伍庞大，行政效率低，人民生活困苦，辽和西夏威胁着北方和西北边疆。欧阳修、范仲淹等纷纷向仁宗提出建议，其中包括向参与政治的广大知识分子开刀，打破他们的铁饭碗等，仁宗大部分都采纳了。这触动了整个士及官僚群体的利益，其阻力之大，可想而知。最后新政失败。

4. 王安石变法

北宋中叶以后，政府官员与军人数量都飞速增加，朝廷入不敷出。1068年，新即位的宋神宗启用王安石开始变法。王安石的变法对于增加国家收入有着积极的作用，但王安石急于求成，事前缺乏充分的宣传，无法吸引优秀的人才一起参与变法，并遭到许多守旧官员反对，最后反而使老百姓苦不堪言。1074年，王安石第一次罢相。1086年，司马光执政，完全废除了新法。

5. 靖康之耻

1125年，金军分东、西两路南下攻宋。东路金兵破燕京，渡过黄河，南下汴京（今河南开封）。宋徽宗见大势不妙，让位给太子赵桓，赵桓在哭哭啼啼中登上皇位，成为宋钦宗。靖康二年(1127年)四月金军攻破东京（今河南开封），在城内搜刮数日，挟持了徽宗、钦宗二帝和后妃、皇子、宗室、贵卿等数千人后北撤，东京城中公私积蓄为之一空，北宋灭亡。靖康之变导致北宋灭亡，此事深切刺痛宋人的内心，南宋大将岳飞在《满江红》中提到："靖康耻，犹未雪，臣子恨，何时灭！"

二、宋朝之最

1. 最豁达的文人

他是那个时代最全面的才子，一生多次被贬，却始终乐观豁达。被贬到杭州，他兴修水利，留下苏堤，留下“欲把西湖比西子，淡妆浓抹总相宜”的佳句；被贬到黄州，他发明了美味的东坡肉，留下了脍炙人口的《赤壁赋》；被贬到荒无人烟的惠州，他享受美味的荔枝，欣然写道“日啖荔枝三百颗，不辞长作岭南人”。这就是那个无论身处何种逆境，总觉“也无风雨也无晴”的苏轼。

2. 最有才华的女子

她是万千男性文人中盛开的一朵女儿花，写词，她是婉约派的最杰出代表，“寻寻觅觅，冷冷清清，凄凄惨惨戚戚”，是她个人的专有品牌，空前绝后。写诗，她留下“生当作人杰，死亦为鬼雄”的佳句，尽显英雄气概。她还能作画，其《琵琶行图》直到明朝还被人收藏，而且她对当时流行的各种游戏也十分精通，玩起来游刃有余。她就是才华横溢、个性卓绝的李清照。

3. 最不务正业的皇帝

徽宗赵佶在位期间，穷奢极侈，荒淫无度。他不理朝政，却酷爱艺术。在位时将画家的地位提到在中国历史上的最高位置，成立翰林书画院。以画作为科举升官的一种考试方法，每年以诗词做题目，曾刺激出许多有新创意的佳画。如题为“踏花归去马蹄香”，得第一名的没有画任何花卉，只画了一人骑马，有蝴蝶飞绕马蹄间，凡此等。这些都极大地刺激了中国绘画的发展。他独创的瘦金体书法独步天下，直到今天还被人推崇。

4. 最尊师重道的学生

进士杨时，为了丰富自己的学问，毅然放弃了高官厚禄，跑到河南颍昌拜大学问家程颢为师。程颢死后，又到洛阳去拜程颢的弟弟程颐为师。有一次，他和游酢一块到程家去拜见程颐，正遇上程颐休息。这时候，外面开始下雪。这两人求师心切，便恭恭敬敬侍立一旁，不言不动，生怕惊醒老师。程颐醒时，门外的雪已经积了一尺多深，而杨时和游酢并没有一丝疲倦和不耐烦的神情。后来杨时在老师悉心教导下进步很大，并形成独家学派，被称为“龟山先生”。

5. 最无私的清官

嘉祐元年（1056 年）十二月，朝廷任包拯做开封知府。由于包拯在开封府执法严明，铁面无私，敢于碰硬，贵戚宦官也不得不有所收敛，听到包拯的名字就感到害怕。儿童妇孺们都知道包拯之名，亲切地称呼他为“包待制”。开封府广泛流传着这样的话：“关节不到，有阎罗包老。”用阎罗比喻包拯的铁面无私，后来人们把清官喻为“包青天”。

三、故事精选

陈桥兵变

故事导航

后周恭帝继位后，命赵匡胤为归德节度使。恭帝年幼无知，赵匡胤有了称帝的野心，发动了陈桥兵变，建立了宋朝，改变了唐以来藩镇割据的局面。

960年，后周大将赵匡胤在陈桥发动兵变，夺取了后周大权，改后周为宋，做了宋朝皇帝。

赵匡胤祖籍涿州（今属河北），出身于武官家庭，祖父赵敬当过营、蓟、涿等三州的刺史，父亲赵弘殷是后唐的一名禁军军官。赵匡胤生于洛阳，并在那里度过了他的童年。

赵匡胤生长在动荡不安、群雄角逐的五代十国时期。那时，武功往往是人们往上爬的最好阶梯，也是人们建功立业的最佳途径。赵匡胤受家庭的熏陶和社会的影响，孩童时就喜欢耍弄刀枪，喜欢玩打仗的游戏。长大后，年轻的赵匡胤毅然选择了精练武艺以求功名的道路。因此，他对刀枪剑斧、马术弓箭都比较熟悉。

少年时期，他曾驯服一匹烈马，声名远扬。

948 年，二十二岁的赵匡胤离家出走。据传，起初，他曾去投奔与他父亲有旧交的防御使王彦超，但未被王彦超收留。后来，他又投奔随州刺史董宗本，因为董宗本的儿子瞧不起他而离开随州。这时，赵匡胤已身无分文，连住宿的地方都找不到了。

一天，赵匡胤投宿在一座庙中，庙中和尚见他如此穷困潦倒，但举止谈吐又颇具雄才大略，便开导他说："我给你一点路费，你向北走，会有好运的。"

传说赵匡胤走到河南商丘的高辛庙时，见到一个占卜者，他便凑上去，询问自己的前程。他先问自己能否当一名小兵，卜显示"不吉"；又问能否当一名刺史，卜又显示"不吉"。他不解，再问能否当皇帝，卜上显示"吉"。于是，他向南投到后汉枢密使郭威的帐下，郭威见赵匡胤气质不凡，便把他留在军中。

951 年，赵匡胤与一批将领拥立郭威夺取后汉政权，建立后周。在推翻后汉的过程中，赵匡胤作战有功，后来被提拔为禁军军官，这激发了他继续往上发展的勇气。954年，周世宗柴荣即位，赵匡胤又因智勇双全、连战连胜，被提升为殿前都虞侯，成为禁军的高级将官。

显德三年（956 年）春，周世宗柴荣亲征淮南，赵匡胤随驾南征，又立下大功，占领了南唐的滁州。在滁州，赵匡胤的部下捉到一百多名百姓，并指认他们为盗匪，准备斩首示众。

新来滁州上任的军事判官赵普却不同意全杀，他说："你不审问清楚就一律处死，如有被诬陷者，岂不误伤人命？”赵匡胤说：“这里的百姓都是俘虏，我将他们全都赦免，已经够仁义了。可他们这些人还要做盗匪，不动刑罚，就不能警诫他人。”

赵普不同意赵匡胤的说法，反驳道：“南唐虽属敌国，但百姓有什么错？你既然想一统中原，为何要把这里的百姓看作俘虏？”赵匡胤无言以对，只好说：“你若不怕辛苦，就烦请代为审理这些人吧！”

赵普对这一百多名平民认真查问，认为他们中绝大多数都没有做盗匪，除个别有物证定罪外，其余的均无罪释放。百姓们非常高兴，都称赞赵普英明。赵匡胤由此对赵普格外信任，凡有大事必同他商量。

后周士兵攻占滁州，南唐国主李璟害怕了，向柴荣求和未果，便命齐王李景达为帅带六万兵马攻取扬州。扬州当时的守将韩令坤忙向滁州求援。赵匡胤率兵来到六合，准备去支援扬州，但韩令坤已撤出扬州，赵匡胤闻讯，写信批评了韩令坤。韩令坤立即下令回兵扬州，与南唐将领张孟俊遭遇。后周兵个个英勇善战，南唐兵大败，张孟俊被活捉。

过了几天，唐兵主帅李景达发兵攻后周。赵匡胤率兵迎战。赵匡胤发现有几位兵士畏惧不前，便用剑在他们的皮笠上砍出痕迹，作为记号。这一仗，双方不分胜负。收兵后，赵匡胤将皮笠上有剑痕的兵士斩了，通报全军。第二天再战，后周兵以一当十，杀得南唐兵一败涂地，最终击退南唐军队。赵匡胤被提升为殿前都指挥使，不久又升为定国军节度使。南唐国主李璟被迫献地，与后周划江为界。

显德六年（959年），周世宗又亲自统军北征辽国，很快攻取莫（治今河北任丘北）、瀛（治今河北河间）、易（治今河北易县）三州和瓦桥（在今河北雄县西南）、益津（在今河北霸州）、淤口（在今河北霸州东信安）三关。后周军节节胜利，直逼幽州，但世宗大病卧床，不能继续指挥作战，只好撤军。赵匡胤随世宗征辽有功，被任命为殿前都点检，兼检校太傅，掌管禁卫军，权力越来越大。

959年，后周世宗病亡，后周恭帝柴宗训年幼。这时的赵匡胤由于屡建战功，声望日高，他除了典掌禁军外，还兼宋州归德军节度使，负责防守京师。于是，当年占卜时得来的当皇帝的心愿便开始萌发，并很快膨胀起来。

960年春，镇州、定州忽报辽国与北汉联兵南下，宰相范质急遣赵匡胤北上御敌。赵匡胤得到率兵出征的命令后，便有条不紊地行动起来。赵匡胤立即调兵遣将，大造声势，像是真要去抵御大敌一样。其实，这是赵匡胤等人设下的圈套。

大队人马开进到大梁城北四十里的陈桥驿时，天色已晚，便驻扎下来。夜里，赵匡胤的弟弟赵匡义和谋士赵普按照赵匡胤的预先部署，进行了紧张的活动。他们派人到将士中鼓动兵变，拥立赵匡胤当皇帝。将士们很快议论开了。大家说："现在皇上年幼力弱，未能亲理政事，我们为国出生入死，有谁知道？不如先立点检为天子，再北征也不迟。"

赵匡义和赵普见将士们行动起来，立即派飞骑回京，与留在开封的禁军将领石守信、王审琦秘密约定，待赵匡胤回师时作为内应。

这天夜里，在陈桥驿的将士们都没有入睡，赵匡胤假装酒醉不醒躺在床上。黎明时分，赵匡义、赵普和诸将闯进卧室，个个手拿兵器说："诸将无主，我们愿立太尉（赵匡胤）做天子！"众将士一边叫喊着，一边团团围住正打着哈欠的赵匡胤，并把早准备好的龙袍强行披到赵匡胤身上，随后叩头便拜，高呼"万岁"。这就是历史上"陈桥兵变，黄袍加身"一说的由来。这一年，赵匡胤三十四岁。

赵匡胤黄袍加身后，率领大军回师京城，一路上没有遇到任何阻挡，大军很快便进入京城。进城的军队对人民秋毫无犯，市面秩序井然，人心安定。后周大臣听说赵匡胤拥兵自立并已回到京城，慌作一团。有人把皇宫大门关起来，企图抵抗。赵匡胤来到通往殿前都点检官署的左掖门时，做内应的石守信立即把宫门打开，赵匡胤顺利地回到殿前都点检官署。

这时，一群将士把宰相范质、王溥等拉到官署门前，赵匡胤看见后，立即往前假装慈悲地哭着对范质说："我赵匡胤受世宗厚恩，今天，大家把我逼到这步田地，我真有负天地呀！有什么办法呢？"范质正想说话，站在一旁的军校罗彦瑰立即高声喝道："我们无主，今日必须有一个天子！"赵匡胤假装斥退他，但罗彦瑰一动也不动。范质、王溥等看到这般情景，一时不知说什么好，停了片刻，王溥首先退到阶下，跪倒下拜，范质也只好跟着下拜，口呼“万岁”。朝中大臣见大势已定，一个个都对赵匡胤表示屈服，小皇帝柴宗训和符太后被迫让位。

当天在皇宫崇元殿上，百官齐集，按班次站定，举行了隆重的禅位仪式。翰林学士拿出早已准备好的禅位制书，以柴宗训的名义宣读，赵匡胤跪倒在龙阶上，面向北拜受。

制书读完，宰相扶赵匡胤升殿，换上皇帝穿的御袍，赵匡胤即皇帝位。群臣朝贺，高呼“万岁”。因为赵匡胤原来所领的归德军在宋州，所以改国号为宋，仍以开封为都城，称东京。这就是历史上的北宋。

·读一读　查一查·

禁军

原指皇帝的亲兵，即侍卫宫中及随从的军队。历代有直接称禁军、禁兵的，也有另立名目的，又有用此名义而扩大任务范围的。北宋称正规军为禁军或禁兵。从各地招募，或者从乡兵中选拔，由中央政府直接掌握，除防守京师外，还轮番调到各地执行守卫任务。北宋中叶，禁兵增至八十余万人，到北宋后期只剩下三万余人。

·读一读　悟一悟·

赵普和赵匡胤在处理犯人的问题上意见不一致，但是当赵普用自己的方法把事情圆满地解决之后，赵匡胤能及时发现赵普的优点并把他作为人才重用。这告诉我们要善于发现别人的优点。

王安石变法

故事导航

神宗时期，封建地主拥有大量农田，人民缴纳沉重的赋税，国家出现财政危机，王安石因此倡导变法。改革虽然失败了，但是变法给安于现状不思进取的北宋王朝一个警醒。

宋朝建立以来，经过太祖、太宗、真宗、仁宗、英宗，到神宗已是第六代皇帝了。神宗时，宋朝的政治已经很腐朽了，封建豪绅大地主阶级是政权的支柱。北宋王朝为了保护这些人的利益，在政治、经济上给予他们过多的优惠。比如，豪绅大地主占有国家半数以上的农田，却不必缴租税、服徭役，广大的农民和中小地主承担了全部的租税义务。这种政策带来了严重的后果，许多农民破产，北宋经济发展停滞，阶级矛盾十分尖锐。另外，北宋在辽以及后来建国的西夏的进攻面前一直反击无力，却年年需要扩充军队和增加岁币，国家的财政危机日益明显。

日益窘迫的处境，使宋朝统治集团中的一些人开始意识到需要进行一些革新，但朝中保守派的势力非常强大，于是改革派与保守派之间开始了长期的尖锐交锋。围绕着王安石变法，这两种势力的斗争达到了高潮。

王安石，字介甫，抚州临川（今江西抚州）人，出身于一个地方官吏家，他聪敏而好学，经由科举踏上仕途。王安石是个饱读诗书、政治思想十分活跃的人，他一直有学以致用的心愿。从他考中进士，被派往扬州做签判开始，到从江东被召入朝，王安石在外路州县做了多年的官。这些年的为官经历使王安石积累了丰富的社会经验，使他对政治、经济等方面的认识更为深入，同时革新的思想也更清晰和具体了。

到京城后，王安石被任命为三司度支判官，任务是替国家理财。当时他曾给在位的宋仁宗呈上一份近万字的奏折，提出变法的主张，却未引起重视。王安石觉得孤掌难鸣。

实际上，在王安石以前，朝中也有一些人做出了改革图新的尝试。最著名的就是范仲淹、富弼等人主持的“庆历新政”，主要以整治腐朽的官僚制度为内容。但是“庆历新政”触犯了权贵的利益，遭到势力强大的保守派的联合反对。实施一年多后，范仲淹和富弼就被迫离开了朝廷。

1067 年，年方十九岁的赵顼继位，他就是宋神宗。他是一个很希望有所作为的皇帝，想通过推行新法来扭转当时宋朝内忧外患的局面。在宋神宗还是太子的时候，就听闻王安石之名，即位后便把变法的希望寄托在王安石身上。宋神宗起用王安石为翰林学士，允许他直接向自己陈述意见；而后按照王安石的建议，设置了主持变法的机构“制置三司条例司”，由王安石亲自负责。1070 年，宋神宗又任命王安石为同中书门下平章事（位同宰相）。

久已有志于改革的王安石得到了宋神宗的重用，更是以兴天下为己任，全力进行变法改革。

王安石变法的内容比较全面，包括多种措施和法令，有青苗法、免役法，还有农田水利法、市易法、保甲法等。

王安石的新法经过一段时间的实施，收到了显著的效果：农业得到了发展，人民得到了一些实惠，国家的财政收入也增加了。

但新法在许多方面触及了官僚大地主的利益，以司马光为代表的保守派认为祖宗之法更改不得，纷纷对王安石的新法加以攻击。

面对不解、指责和攻击，王安石曾说："天变不足畏，祖宗不足法，人言不足恤。"可见王安石坚定的变法决心。

变法就这样在王安石的坚持和宋神宗的支持下不断推进，一度达到高潮。但保守派的反对从来都没有停止，他们寻找一切机会阻止变法，甚至把有的地方发生旱灾也归咎于变法。保守派的势力越来越强大，并对新法形成围攻之势。两个太后——仁宗的曹后和英宗的高后也站出来支持废除新法。同时，随着变法的继续，改革派内部也发生了分裂，一些人站到了对立的立场上，还有一些人一开始就抱着投机的心理，想为自己捞一把利益，然后看哪边势力大就投靠哪边。在这种局面下，宋神宗逐渐发生了动摇，他不再像以往那样支持王安石了。

王安石的变法变得步履维艰，尤其是皇室贵族的大力攻击，使王安石陷入空前的困难境地。王安石先后两次被罢相，第二次罢相以后再没有被召回朝。改革派终究没有敌过保守势力的围攻，变法随着王安石的罢相而失败。宋神宗死后，高太后摄政，反对派代表司马光上台，随即就把新法一项项废掉了。至此，王安石变法彻底结束。

王安石变法是统治阶级自上而下的改良行为，不可能从根本上解决北宋社会存在的种种危机。所以，他的变法遭到失败是必然的。

·读一读　查一查·

青苗法

王安石变法内容之一。规定凡州县各等民户，在每年夏秋两收前，可到当地官府借贷现钱或粮谷，以补助耕作。当年借款随春秋两税归还，每期取息两分，实际有重达三四分的。这项措施本是为了抑制兼并，在青黄不接的时候救济百姓，但实际执行时却出现偏差：地方官员强行让百姓向官府借贷，而且随意提高利息，百姓苦不堪言。元祐元年（1086年）停止执行。

·读一读　悟一悟·

虽然王安石变法在保守派的打击下失败了，但是他敢于变革的精神值得我们学习。凡事不能一成不变，要善于创新。

千古奇冤——“莫须有”

故事导航

北宋被金所灭，南宋也在金的不断进扰下逐渐衰微。岳飞组建“岳家军”英勇抗金，但是却被奸臣秦桧陷害，高宗以“莫须有”的罪名，在风波亭上杀害了岳飞。但是岳飞的故事在民间广为流传，鼓舞着后世之人。

在南宋风起云涌的抗金斗争中，岳飞和他的“岳家军”战绩特别突出。“岳家军”是一支纪律严明、能征善战、深受百姓爱戴的抗金军队。

岳飞(1103—1142年)，字鹏举，是南宋时期著名的抗金将领，我国历史上伟大的英雄。岳飞生活在北宋为金所灭、南宋守着半壁河山且不断受到金骚扰的时期。岳飞把他短暂的一生都献给了抗金斗争。

岳飞出生在相州汤阴（今属河南）一个以务农为业的家。少年岳飞虽沉默少言，但志向远大。他随周侗学习武艺，研读兵书。因为刻苦勤奋，他很快练就了一身过人的本领。

1122年，十九岁的岳飞怀着少年壮志投了军。他在军队中初显身手，做了小军官，还参加过决定北宋命运的太原保卫战。随后，岳飞还乡看望母亲。岳母是一位性格坚强、深明大义的女性，她鼓励岳飞不要牵挂家里，要为那些死难的乡亲去前线抗击金兵。岳飞在家中逗留了一段时间后便踏上了报国的征程。

岳飞曾投靠过河北招抚使张所，参加过河北西线作战，也曾在胙城、汜水关大破敌军，击退过伙同兀术南下的宋叛将李成。岳飞后来又跟随宗泽，期间所受的教诲对他日后的治军有一定的影响。

1129 年，金军举兵南下，宋军丢失了江北的大片领土。金兵随后又分东、西两路大举过江。岳飞在被动的局面下孤军奋战，退守钟山后以寡敌众，毙敌数以千计。这是岳飞在江南抗击金兵的开端。金兵渡江后占据了建康，岳飞领兵继续战斗，自成一军，从此开始了独当一面的抗金活动。

岳飞独自领兵后，首先取得的一次大胜利就是在牛头山设伏，大破从建康回撤的兀术，收复了建康，迫使金兵北退。至此，岳飞的声望与日俱增，并被朝廷授予通泰镇抚使之职，地位陡然提高。

从 1130 年至 1133 年，岳飞的部队愈战愈勇，捷报频传，战斗实力不断增强，岳飞的名字也在百姓中广为传颂。岳飞在南方抗金的功劳十分显赫，高宗召见了他，并亲笔手书“精忠岳飞”四字，加授他为镇南军承宣使、江南西路沿江制置使，后改神武后军都统制。这时，岳飞已从一个普通的将领升为一名抗金大将，统领一支最盛时有十万人的军队，这支军队号称“岳家军”。

1134年，金与其设立的傀儡政权伪齐共同南下。宋高宗与大臣们对是否北伐犹豫不决。北伐是岳飞和将士们多年的愿望。岳飞主动请战，得准。

同年，岳飞第一次率军北伐，从武昌渡江，进军郢州。岳飞面对滔滔江水动情地说："这次如果不能打胜仗，我决不再回江南去！"将士们听后，群情激昂。威猛善战的岳家军一举攻下郢州，又乘势收复襄阳、邓州和唐州等地。岳飞率军继续扩大战果，一年以后，又收复了湖北北部和河南南部的广大地区。这是南宋立国以来第一次取得局部反攻的胜利。

1136年，岳飞第二次北伐，攻下虢州，获粮十余万石，降金兵数万。接着，岳家军又在唐州大败伪齐的部队，直奔蔡州境内，离东京已经不远了。岳飞踌躇满志地想要收复北宋故都，他对将士们说："总有一天，我要直抵黄龙，与诸君痛饮！"

北伐战局对南宋十分有利，但高宗却在这时下诏，不许岳飞继续率兵北进。1137年，金向南宋诱降。高宗本来就只想保住自己手中的半壁河山，于是立刻答复说只要金兵许和，一切条件皆可接受，并任命秦桧为右相，准备向金投降。秦桧是南宋有名的大奸臣，他上台后，便开始谋划除掉岳飞。

岳飞多次求见高宗，请求不要与金议和，再商北伐之策，并说："金人不可信，想要通过与金和好来保全朝廷是靠不住的。"可是，岳飞的进谏不仅没有得到支持，还使宋高宗从此记恨于他。1139年，宋金达成和议。岳飞看着自己出生入死收复的河南等地又落入了金人手中，不禁痛苦地仰天长叹。

1140年，金统治集团发生内讧。兀术执政后，破坏议和，集合金全部兵力向南宋扑来。宋高宗只得派岳飞统兵迎敌。宋、金两军在郾城展开了空前的激战。兀术的部队中有一队士兵个个身穿重甲，看上去如铁塔一般，称“铁浮图”。左右两队骑兵三人相连，称“拐子马”。兀术指挥着“铁浮图”“拐子马”向岳家军扑来。岳飞命令将士手持长斧上砍敌兵，下斩马足，顿时打乱了金兵的阵势。岳家军将领岳云、杨再兴等冲入敌阵欲捉兀术。兀术拍马而逃，待回头看时，自己训练多年的“铁浮图”“拐子马”已溃不成军，死伤惨重，不禁痛哭流涕。兀术制止不住败退的兵士，他一边逃，一边不由得感叹道：“撼山易，撼岳家军难！”

岳飞乘胜进军朱仙镇，距东京只有四十五里。就在这胜利指日可待的时候，高宗却听信秦桧的谗言，连下十二道金牌，令岳飞撤兵。秦桧和高宗以“莫须有”的罪名，在风波亭杀害了岳飞父子和张宪。同时韩世忠也辞去官职，含恨离朝。岳飞父子死后，岳家军不久就解散了，抗金力量受到了极大的削弱。

岳飞为恢复中原而抵抗金兵的事迹，在民间广为流传，鼓舞着后世之人。杭州岳飞墓是为追念和凭吊岳飞而修建的，而跪在墓前的秦桧夫妇只能永遭世人的唾弃。

·读一读　查一查·

金兀术

本名完颜宗弼，金太祖完颜阿骨打第四子。是金朝大将，宋金对峙时期杰出的军事家和政治家。有胆略，善射。在对宋的战争中，完颜宗弼起到了决定性的作用，没有他的英勇善战，身先士卒，女真人的金政权不可能连续战胜当时世界上文化最发达、经济最繁荣的赵宋王朝。完颜宗弼为女真族扩大了生存空间、改善了生存环境，是中国历史上一名卓越的将领。

·读一读　悟一悟·

岳飞英勇善战，忠君爱国，但是却受到小人秦桧的陷害。我们要学习岳飞精忠报国的精神，鄙视像秦桧那样的无耻小人。

元朝

一、十分钟了解元朝

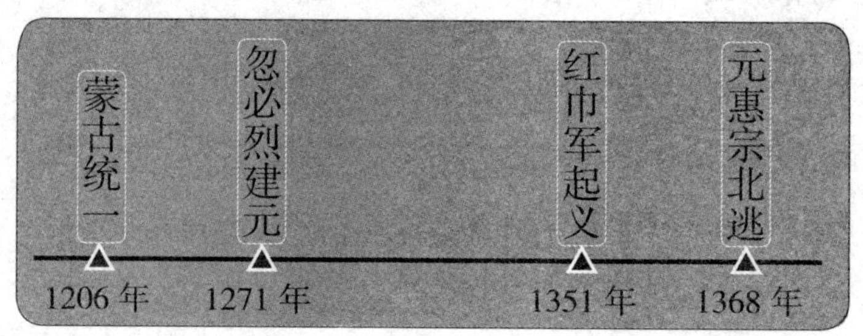

元朝（1206 年—1368 年），又称大元，是中国历史上第一个由少数民族（蒙古族）建立并统治全国的封建王朝。1206 年成吉思汗建立蒙古汗国。1271 年忽必烈改国号为“元”，取《易经》中“大哉乾元”之意。元朝是中国历史上疆域最广阔、国力最强盛的王朝，成吉思汗曾远征到欧亚大陆，把中国的火药、指南针、印刷术传入阿拉伯和欧洲，推进了这些地区的文明化进程。阿拉伯的医学、天文学、农业技术，欧洲的数学、金属工艺，南亚的雕塑艺术等也传入中国，促进了中国古代文化的丰富和发展。

1. 成吉思汗统一蒙古

成吉思汗（铁木真）凭借其超群的军事、外交、组织才能，以及冷酷的性格，经过大大小小无数次战斗，终于在1206年统一了蒙古，将草原上落后、分裂的蒙古族融为一体，成功地建立了地跨欧亚两大洲的大帝国，重开了“丝绸之路”，推进了东西方以及中国与阿拉伯之间的经济、文化交流。成吉思汗的巨大贡献令世人瞩目。

2. 忽必烈建元称帝

忽必烈不满足于大汗的尊号，他要成为整个中国的统治者。1264年，忽必烈迁都燕京（后称大都，即今北京）。1271年，按照中国封建王朝的礼仪，忽必烈颁布即位诏书，自称皇帝，建国号为“元”。忽必烈是中国元朝的实际建立者。

3. 红巾军起义

元顺帝时期，政治腐败，人民困苦，各地起义不断。红巾军是声势最庞大的起义军，他们的起义虽然最后由于内部斗争而平息下来，但是却动摇了元朝的统治。

4. 元惠宗北逃

至正二十七年（1367年），朱元璋北伐，在大将徐达、常遇春等人的率领下，于1368年攻陷元大都，元惠宗北逃，元朝在全国的统治结束。

二、元朝之最

1. 最能征善战的皇帝

他在位期间，征服地域西达黑海海滨，东括几乎整个东亚，为世界历史上著名的横跨欧亚两洲的大帝国之一。他带蒙古军西征是惊天地泣鬼神的壮举，穷兵黩武的秦皇汉武的战争举动与他相比，简直如同儿戏；他克服了当时东西方陆路交通的人为障碍，极大地促进了东西方文化交流，推动了人类文明的进步。他是深沉有大略，用兵如神的成吉思汗。

2. 最出色的杂剧作家

他居“元曲四大家”之首。他狂傲倔强，是“蒸不烂、煮不熟、捶不扁、炒不爆、响当当一粒铜豌豆”；他“驱梨园领袖，总编修师首，捻杂剧班头”，正因为如此，他为后人留下了脍炙人口的佳作:《窦娥冤》《救风尘》《望江亭》《拜月亭》《鲁斋郎》《单刀会》……他就是关汉卿。

3. 最伟大的科学家

他自小就喜欢自己动手制作各种器具。有人说他是“生来就有奇特的秉性，从小不贪玩耍”；十五六岁的时候，他得到了一幅“莲花漏”图，从此他更沉迷于科学历法与天象的世界。他于大都和西夏治水，给百姓带去安康；他巧制天文仪，编订新历法。为纪念他的功绩，人们将月球背面的一座环形山命名为“郭守敬环形山”，将小行星 2012 命名为“郭守敬小行星”。他就是郭守敬。

三、故事精选

成吉思汗统一蒙古

故事导航

金泰和六年（1206年），蒙古贵族在斡难河（今蒙古鄂嫩河）源奉铁木真为大汗，尊号成吉思汗，蒙古汗国（大蒙古国）建立。

铁木真，尊号“成吉思汗”，是蒙古乞颜部孛儿只斤氏族人，我国历史上著名的政治家、军事家。他统率蒙古军向北、向南和向西征伐，震动了欧亚大陆，使他的名字家喻户晓。

铁木真有一个苦难的童年，他的父亲也速该本是蒙古尼伦部（包括泰赤乌部和乞颜部等部落）的首领，被塔塔儿人毒死后，尼伦部的泰赤乌人掌握了大权。泰赤乌人在迁营时抛弃了铁木真一家，连乞颜部的贵族、百姓，甚至铁木真家的奴仆都离开了他们，没给他们留下一头牲畜。

失去了畜群，也就失去了游牧人赖以生存的基础。但铁木真的母亲并没有泄气，她带着儿女们奔波于斡难河两岸，靠采野果、挖野菜维持生活，全家人艰难地活了下来。

铁木真目睹了自家的苦难，他没有像其他孩子那样过着绚丽丰富的童年生活，而是主动承担起了家务，带领弟弟们到河边钓鱼，在草原上弯弓射雕，为母亲减轻了很多负担。

泰赤乌部首领担心铁木真长大后会报仇，就带人去追捕他。为了躲避追捕，铁木真逃进了山林，后来因忍受不住饥饿，下山寻找食物，被俘虏了。铁木真被套上木枷到处示众。夜里，铁木真用木枷打倒看守，机敏地逃走了。几经周折，他终于回到家中。后来，泰赤乌部的贼人偷走了铁木真家的马匹，铁木真不顾日落天黑，上马追击敌人，一直追踪了六天，终于追上了贼人，夺回了马匹。

就这样，铁木真在苦难中不断成长，变得更加坚强，也更加睿智了。而这种坚强和睿智，使他后来震撼了整个世界。

铁木真十八岁时同另一部落的美丽姑娘孛儿台成了亲。两人相亲相爱，共患难，感情很深。但不久，篾儿乞人抢走了孛儿台。铁木真发誓要夺回爱妻，便联合了王罕和札木合，在1180年的一个夜里率联军突袭篾儿乞部，打败了篾儿乞人，夺回了孛儿台，同时也壮大了自己的力量。

铁木真被部众拥戴为大汗，遭到嫉妒心很强的盟友札木合的反对，两人兵戎相向。1190年，札木合纠集了十三个部落共三万兵力进攻铁木真，铁木真也以三万兵力分十三翼迎战。这场著名的“十三翼之战”虽以铁木真的失败告终，但由于札木合生性残暴，残酷地杀戮战俘，引起许多部属的不满，他们纷纷倒戈投奔铁木真，铁木真在实力上反而增强了。1196年，铁木真家族的夙敌塔塔儿部反抗金朝，兵败逃窜。铁木真和克烈部应金朝大军统领完颜襄丞相之约，合力阻击塔塔儿部，捕杀其首领，虏获大批人畜财物。大功告成后，完颜襄授予铁木真“札兀惕忽里”（即部落官）的称号。铁木真既复了仇，又提高了威望。从此，铁木真部成为蒙古草原上一支强大的力量。

蒙古族人素以驭马和勇猛善战闻名，历史上，他们突袭中原北部的事件时有发生。但在铁木真崛起之前，各部落主要把精力放在部落间的倾轧上。铁木真凭借其超群的军事、外交、组织才能，以及冷酷的性格，经过几次战斗，陆续征服了其余的几个部落，终于在1206年统一了全蒙古。

1206年召开的蒙古族将领会议上，铁木真被推举为“成吉思汗”，“成吉思”是蒙古语“大海”的意思。

铁木真统一蒙古各部，在中国历史上具有重要意义。他攻金灭夏，为元朝的建立奠定了基础。军事上，他重视联系远近各方，极力避免树敌过多；用兵注重详探敌情、分割包围、远程奇袭、佯退诱敌、运动中歼敌等战法。但同时，他作战也具有野蛮残酷的特点，他大规模屠杀百姓，毁灭城镇田舍，破坏性很大。13世纪，欧亚主要封建国家社会危机深重，这为铁木真实行大规模军事扩张提供了有利条件。他一生征战四十多年，统一了蒙古各部，随后又攻灭西辽，覆亡西夏，鏖战中原，几败金朝，西攻花剌子模等国，威慑欧亚。

铁木真一生金戈铁马，横扫欧亚，他的军事指挥艺术和谋略思想，不仅在中国历史上是绝无仅有的，就是在世界战争史上也是罕见的。

铁木真将草原上落后、分裂的蒙古族各部落融合为一体，并成功地建立了地跨欧亚两大洲的大帝国，重开了“丝绸之路”，推进了东西方以及中国与阿拉伯世界之间的经济、文化交流。他的巨大贡献令世人瞩目。

·读一读　查一查·

大汗

“大”的意思是：至高无上、伟大。“汗”是蒙文音译而来，意思是：王、皇帝、帝王等，或译为蒙古部落的首领。

·读一读　悟一悟·

幼年的成吉思汗，饱受生活的艰辛，但是正是这样的艰辛使他更迅速地成长，历经磨难之后，终于成为一代天骄，所以我们也要勇于接受困难的挑战。

元世祖忽必烈

故事导航

蒙哥登上大汗之位，重用其弟忽必烈，忽必烈的势力得到发展。蒙哥死后，经过斗争，1260年，忽必烈终于登上大汗的位子，1271年，自称皇帝，建国号为“元”。忽必烈是中国元朝的实际建立者。

忽必烈生于1215年，1260年称汗，1294年去世。他是元朝的开国皇帝。按中国皇帝的庙号称他为元世祖，按蒙古语尊称他为薛禅汗。他是“一代天骄”成吉思汗的孙子，同他的祖父一样是一位杰出的军事统帅，也是一个出色的政治家。

自1241年窝阔台去世至1251年蒙哥即位，大蒙古国经历了十年的混乱时期。先是窝阔台之妻乃马真摄政，1246年她的长子贵由继承汗位，即元定宗，实际上还是乃马真主事。不到两年，贵由死于“西巡”途中。拖雷诸子与窝阔台的子孙们展开了激烈的汗位争夺战，直到蒙哥登上大汗之位。

拖雷和妻子唆鲁禾帖尼有四个儿子：蒙哥、忽必烈、旭烈兀、阿里不哥。他们从小就受到良好的教育和汉文化的影响——他们的母亲很有想法，从中原请来名儒贤士讲解治国之道。其中忽必烈受影响最深，他渐渐领悟到治理中原必须用汉文化的道理。

蒙哥即位当年就任命忽必烈主持漠南汉地区的军政事务。在十年混乱中，当初耶律楚材的治理措施全被废除了，中原人民又陷入暴政之下，土地荒芜，人口流失，生产力受到极大损害。

忽必烈主政中原后苦心经营，他选贤任能，清政去贪，劝农耕种，逐渐理出了头绪，恢复了大部分生产力，将中原治理得井井有条，控制了中国北方大量的人力和物力。

蒙古军队在攻打南宋的初期并不太顺利，于是决定先征吐蕃（今青藏高原一带），再攻大理（古国名，辖今云南和四川西南一带），然后包抄南宋，采用战略大迂回的战术。1253 年，忽必烈率军南征大理。蒙古铁骑由北向南，不到半年时间就从今甘肃经青海、四川到达云南，先后越过大渡河、大雪山、金沙江等险绝之地，完成了中国古代军事史上罕见的万里远征创举。第二年初，大理国灭亡，吐蕃也表示臣服，整个西南地区被蒙古军队控制，形成了对南宋王朝南北夹攻的形势。年底，忽必烈留大将兀良合台镇守云南，自己返回北方。

元朝南征的胜利和治理中原的成绩显示了忽必烈杰出的文韬武略，他的声望在汉族地主阶级中日渐上升，许多豪强士绅纷纷向他靠拢，表示愿意接受他的统治。忽必烈的周围聚集了一大批汉族文武人才，如刘秉忠、许衡、姚枢等文士，以及史天泽、张柔等武将。这些都为他进一步统治中原奠定了坚实的基础。

但是，忽必烈采用汉法治理中原却损害了蒙古贵族和西域商人的利益。由于他的声望之高盖过了蒙哥，又经一些人的挑拨，蒙哥对忽必烈产生了猜忌，下令解除了忽必烈的兵权并派人调查他，形势十分危急。关键时刻，忽必烈接受了姚枢的建议，不正面抗争，亲自去向蒙哥当面解释，并且将妻子、儿子送给蒙哥做人质，表明自己并无异志。最终，蒙哥消除了疑虑，兄弟俩和好如初，忽必烈重新掌握了兵权。

1258 年，蒙古大军兵分三路全面征伐南宋。1259 年，忽必烈在围攻鄂州时得知蒙哥的死讯，同时又听说留守都城的弟弟阿里不哥正准备继承汗位，便要回军与阿里不哥争夺大汗宝座。正好，这时南宋宰相贾似道派人求和，忽必烈就顺水推舟，订下和约，迅速率军北返。

1260 年，忽必烈在开平（今内蒙古正蓝旗东闪电河北岸）召集部分王公大臣集会，在他们的拥护下抢先登上大汗之位。随后，阿里不哥在另一些王公大臣的拥戴下也宣布继承蒙哥的汗位。这样，大蒙古国同时有两个可汗，他们既是亲兄弟，又互相对立，并各有一部分皇族大臣拥护，只有靠武力来解决了。经过四年的内战，忽必烈大获全胜；众叛亲离、走投无路的阿里不哥只好率残部到开平投降。

忽必烈与阿里不哥之争是蒙古贵族统治集团内部的斗争，铁木真的后裔大多卷了进去。忽必烈由于掌握了中原地区的人力、物力和财力，得到了汉族地主阶级的大力支持，从而获得了全胜，并为元朝的建立和巩固奠定了基础。

忽必烈很快就不满足于大汗的尊号了，他还要成为整个中国的统治者。1264 年，忽必烈迁都燕京（今北京），后将燕京改名为大都。1271 年，他按照中国封建王朝的礼仪，颁布即位诏书，自称皇帝，建国号为“元”。他是中国元朝的实际建立者。

忽必烈即位之初，就颁诏指出，铁木真创业以来的几十年中单凭武功，缺乏文治，表示自己要大力推行汉法。他在皇权巩固之后更全力以赴地用汉法治理国家。因此，他在位三十四年（1260 年—1294 年），取得了非凡的成绩。

忽必烈的一系列做法，主观上的根本目的是维护自己的统治，但在客观上却符合历史发展的必然趋势——落后的游牧奴隶文明必定要适应先进的农业封建文明，适应得越好，越能发展和巩固统治；不能适应或适应后又反复，必然被历史所抛弃。忽必烈晚年已经不能坚持推行汉法，他之后的统治者们也大多没有继承他先进的一面，却发展了其落后的一面，导致元朝中后期阶级和民族矛盾日益尖锐，统治集团内部争权夺利的斗争也更加激烈，这也是忽必烈之后元朝不到百年就灭亡的主要原因之一。

·读一读　查一查·

吐蕃

吐蕃，7世纪—9世纪时古代藏族建立的政权，是一个位于青藏高原的古代王国，由松赞干布到达磨延续两百多年，是西藏历史上创立的第一个政权。

·读一读　悟一悟·

忽必烈即位后顺应历史潮流，励精图治，使国家得到很大发展，而他的后代却不尊重历史规律，所以很快灭亡了。

·小小资料库·

八思巴文

元世祖忽必烈在1260年即位后，封授吐蕃萨迦喇嘛八思巴为国师，命他制作蒙古字。至元六年（1269年）正式颁行，称为蒙古新字，次年又改称蒙古字。至元八年规定："今后不得将蒙古字道作新字。"八思巴新制的蒙古字由此成为官方法定的文字。

这种蒙古文字是在西藏、印度文字的基础上，根据蒙古语的发音创制出的一种方形文字，它由梵、藏字母演化而成，能拼写蒙语，也能拼写汉语。现存八思巴蒙古字文献，主要保留在各地的碑石和历代收藏的拓本、官印、钱钞等文物上。现今广东南华寺保存的元仁宗爱育黎拔力八达圣旨原件，是现存元代八思巴蒙古字的珍贵文献。

关汉卿和元代杂剧

故事导航

元朝最杰出的文学成就是戏剧，关汉卿是当时最杰出的戏剧艺术家之一，他为中国的戏剧发展做出了巨大的贡献，留下了很多脍炙人口的作品。

元朝是我国古代戏剧发展的黄金时期，名家辈出，名作迭现。关汉卿就是当时一位杰出的戏剧家，他和白朴、马致远、郑光祖一起，被人们称作“元曲四大家”。他创作了许多优秀的戏剧，其中有一部惊天地泣鬼神的剧作，就是著名的《窦娥冤》。

关汉卿，号已斋叟，大都(今北京)人，约生于金末，卒于元。他生活的时代是一个战乱频仍的混乱时代，蒙古族为了一统天下，连续对金和南宋进行了为时近七十年的战争。连年征战导致哀鸿遍野，民不聊生。老百姓陷入了悲惨的境地，文人的命运也同样凄凉。

元朝初年，蒙古统治者废除了科举制度，文人们失去了进入仕途的阶梯，流行的“九儒十丐”之说正反映了当时文人地位低下的处境。有一部分文人既不做蒙古贵族的帮凶，也不当逃避世事的隐士，而是对黑暗的社会进行无情的抨击，关汉卿就是这一类文人的代表。他借助杂剧这种艺术形式，对黑暗的社会进行尖锐的批判。

有资料显示关汉卿出生在一个医生世家里，从小读了很多书，学了很多知识，他既会写诗又会作曲，还特别喜欢杂剧。杂剧是元代最流行的一种戏曲形式。元杂剧是元曲的一种，是在宋杂剧、金院本和民间说唱艺术诸宫调的基础上，吸收多种词曲和技艺发展起来的。杂剧艺术适应了元代城市居民文化生活的需要，当时的政治中心大都也成了杂剧的中心，聚集了一群优秀的剧作家。他们自愿结成的创作组织叫“书会”，最著名的“玉京书会”就是以关汉卿为核心的杂剧家团体。

大都的杂剧班社拥有许多优秀的演员，他们经常在勾栏（戏园子）演出，关汉卿生活在他们当中，自己还时常粉墨登场。与他配戏的一位著名女演员叫珠帘秀，原姓朱，珠帘秀是她的艺名。她演技精湛，戏路很宽，旦角、生角，演来都很精妙。关汉卿对她有着深挚的情感，曾写过一首以咏“珠帘”为喻的曲子赠给她。一次，他俩同台演出《窦娥冤》，珠帘秀扮演窦娥，关汉卿扮演窦娥之父窦天章，两个人的表演真挚感人，每演一场，必让全场的观众唏嘘不已，轰动了整个大都。

长期生活在勾栏和“倡优”之间，关汉卿对下层社会生活有着真切的感受，他的许多杂剧作品都反映了社会底层劳动人民的疾苦，为他们所遭受的凌辱鸣不平，为他们的冤屈放悲声，他怀着满腔热情歌颂他们不屈不挠的反抗精神。他本人就是一位极具反抗精神的斗士，他认为只有通过斗争才能挣脱黑暗。在一首具有自传性质的散曲中，他将自己喻为“蒸不烂、煮不熟、捶不扁、炒不爆、响当当一粒铜豌豆”。他所创作的《窦娥冤》就充分体现了他的反抗精神。

《窦娥冤》中窦娥的原型是汉代东海孝妇周青。传说汉代东海的寡妇周青，为侍奉婆婆矢志不改嫁，婆婆为了不连累她，自缢而死。其小姑告官，以杀人之罪诬嫂，问官不察，竟判其死罪。临死之际，孝妇指着身边的竹竿说，如果自己无罪，血当沿竹竿往上倒流。其言果应，而东海地方大旱三年。后任官员查问缘由，代为申冤，天方降雨。关汉卿在这个民间传说的基础上，结合元代的社会现实，写出了这部震撼古今的悲剧。

《窦娥冤》讲述的是一个孤苦无依的女子蒙受不白之冤，被官府无端杀害的悲惨故事。剧中的窦娥，原名端云。其父窦天章是楚州的一个穷秀才，因借了放高利贷的蔡婆婆二十两银子，无力偿还，被迫将女儿卖给蔡家为童养媳。窦娥十七岁结婚，不料婚后不到两年就夫死守寡，之后与婆婆相依为命。

蔡婆婆仍以放高利贷为生。医生赛卢医从她那里借了十两银子，本利该还二十两，但蔡婆婆数次索取，他仍不还。这一天，蔡婆婆亲自上门去讨账。哪知那还不起银子的赛卢医早已心存歹念，想谋财害命。谁知他未得逞，蔡婆婆被张驴儿父子搭救了。但张驴儿父子并非善良之辈，当他们知道蔡婆婆家里还有个年轻的守寡媳妇时，就威逼她们婆媳俩嫁给他们父子。胆小怕事的蔡婆婆被迫答应了。蔡婆婆把张驴儿父子领回家后，窦娥严词拒绝了这无理的要求。张驴儿为了得到窦娥，便设计用一碗羊肚汤毒死蔡婆婆。没料到这投了毒的羊肚汤被贪嘴的张驴儿父亲喝了，结果张父被毒死。张驴儿又悔又恼，威胁窦娥，如不答应婚事，就以杀人罪告到官府。窦娥仍坚决不从。张驴儿去衙门诬告窦娥害死了他父亲。贪官收了张驴儿的贿赂，当着窦娥的面要拷打蔡婆婆。善良并一贯恪守孝道的窦娥不忍心婆婆受苦，只好含恨屈招。

官府判窦娥死刑。在刑场上，满腔悲愤的窦娥痛斥了天地的昏暗和衙门、地痞的罪恶，并发下了三桩誓愿：一要刀过头落，一腔热血都洒到白练上；二要六月飞雪，遮盖她的身体；三要楚州从此大旱三年。行刑之后，这三桩誓愿奇迹般地一一应验了。后来，窦娥的父亲应考得中，做了提刑肃政廉访使，这桩冤案才得以昭雪。

在这部惊心动魄的悲剧中，关汉卿塑造了一个不屈不挠的女子形象，在她的身上寄寓了广大劳动人民坚强不屈的斗争精神。关汉卿身处的时代，奸臣当道，擅权作恶。权贵们肆无忌惮地掠夺民财，官吏们个个贪赃枉法，制造了种种骇人听闻的冤案。百姓们如俎上之鱼，卖儿鬻女，倾家荡产，像窦娥一样的蒙冤受屈者不计其数，像窦娥那样在死后还能被平反昭雪的，则少之又少。关汉卿对此剧结局的安排，既是出于对苦难人民的深深同情，也是对所有受苦百姓一种情感上的安慰。

关汉卿还通过其他作品塑造了另一些不同类型的人物形象，尤其是妇女形象，如《望江亭》中的谭记儿，《金线池》中的杜蕊娘，《诈妮子调风月》中的燕燕，她们都个性鲜明。关汉卿的每部剧作都有着丰富的社会意义和独特的审美价值。

·读一读　查一查·

元代四大悲剧

关汉卿的《窦娥冤》，马致远的《汉宫秋》，白朴的《梧桐雨》，纪君祥的《赵氏孤儿》被称为“元代四大悲剧”。

· 读一读　悟一悟 ·

关汉卿生活在老百姓中间，目睹了人民的苦难，写出了反映他们挣扎与反抗的优秀作品，是老百姓的代言人，所以他是一个伟大的作家。

· 小小资料库 ·

元四家

元四家是对元代山水画的四位代表画家的合称，一般来说是指黄公望、王蒙、倪瓒、吴镇四人。他们的画风虽各有特点，但主要都是从五代董源、北宋巨然的基础上发展而来的，重笔墨，尚意趣，并结合书法诗文，是元代山水画的主流，对明清两代影响很大。

他们四人均来自江浙一带，都擅长水墨山水并兼工竹石，是典型的文人画风格。他们四人生活在元末社会动乱之际，虽然每个人的社会地位及境况不尽相同，但他们不得志的遭遇是相似的。他们在艺术上都受到赵孟頫的影响，通过他们的探索和努力，中国山水画的笔墨技巧达到了一个高峰，对“南宗”一派影响巨大。

明朝

一、十分钟了解明朝

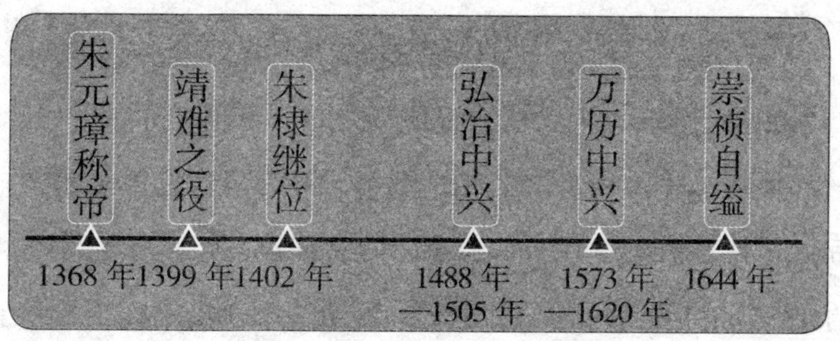

明朝（1368年—1644年）是中国历史上最后一个由汉族建立的君主制王朝。1368年朱元璋灭元称帝，国号明，共经历十二世，十六位皇帝，国祚共二百七十七年。明朝是中国继周朝、汉朝和唐朝之后的盛世，其商业和手工业高度发达，以徽商、晋商等为名号的商帮逐渐形成，农业人口转为工商业者的数量激增。相传人痘接种法始于宋代，1567年至1572年已设痘疹专科，接种痘浆法逐渐普及。17世纪种痘技术已相当完善，并推广到全国，于18

世纪初传入欧洲。明成祖朱棣在京军中组建了专门的枪炮部队——神机营，比欧洲最早建制的西班牙火枪兵要早一个世纪左右。郑和下西洋，声名威震海外三十多个国家和地区。真正是“天子御国门，君主死社稷”，当为后世子孙所敬仰。

1. 洪武之治

明朝建立后，一方面减轻农民负担，恢复社会的经济生产，另一方面惩治贪污的官吏，收到一定的效果。落实赋税劳役的征收及地方治安的维持。此时经济长足发展，全国人口大大增加。同时朱元璋多次派军北伐蒙古，取得多次胜利，最终在捕鱼儿海灭亡北元朝廷，维护了国家的统一。

2. 靖难之役

朱元璋死后，皇太孙朱允炆继位，是为惠帝，年号建文。建文帝立刻与亲信大臣齐泰、黄子澄等密谋削藩。燕王朱棣在姚广孝的建议下以“清君侧”的名义，发动靖难之役，最终占领了南京，建文帝在宫城大火中下落不明。朱棣胜利，靖难之役告终。朱棣革除建文年号，继续使用“洪武”纪年。1402 年，朱棣登基，是为明成祖。

3. 永乐盛世

朱棣即位之后，武功昌盛，先是出击安南，后又亲自五入漠北攻打蒙古以绝后患。在文治上，成祖下令编写《永乐大典》，五年即成。永乐三年始，派郑和下西洋，规模空前，扩大了明朝的影响力。永乐十五年开始大规模营造北京，于永乐十八年宣告完工，永乐十九年正式迁都。朱棣统治期间史称“永乐盛世”。

4. 仁宣之治

仁宣之治是明成祖朱棣以后，明仁宗朱高炽和明宣宗朱瞻基采取了宽松治国和息兵养民的政策的结果。明初社会经济经洪武、建文、永乐三朝的恢复发展，到仁宗、宣宗两朝，出现了社会经济的繁荣。这段经济发展、社会稳定的时期，后世称之为“仁宣之治”，比之于西汉“文景之治”。

5. 弘治中兴

孝宗在位期间，将宪宗留下的奸佞冗官尽数罢去，逮捕治罪。并选贤举能，将能臣委以重任。他勤于政事，每日两次视朝。孝宗对宦官严加节制，特务部门也只能谨慎行事，用刑宽松。孝宗力行节俭，不大兴土木，减免税赋。在其治理下，弘治朝吏治清明，任贤使能，抑制官宦，勤于政务，倡导节约，与民休息，百姓富裕，史称“弘治中兴”。

6. 万历中兴

万历十四年后，神宗就开始连续不上朝。神宗委顿于上，百官党争于下，朝政完全陷入空转之中，官僚队伍中党派林立，互相倾轧。然而正是由于这些原因，民间工商业以及文化得到极大的发展，万历年间是明代经济最发达的时期，所谓资本主义萌芽，正是产生于此。

7. 崇祯自缢

崇祯时期，天下饥馑，疫疾大起，各地民变不断爆发，北方皇太极又不断进扰，加上明思宗求治心切，生性多疑，刚愎自用，因此在朝政中屡铸大错。前期铲除专权宦官，后期又重用宦官，不信任众臣；中了后金的反间计，自毁长城，冤杀袁崇焕。1644年，张献忠建立大西政权。同年，李自成在西安建立大顺政权，走投无路的崇祯帝在北京煤山自缢。

二、明朝之最

1. 最不务正业的皇帝

也许他不该做一个皇帝，因为那不是他的爱好所在，他天生对木匠活有着浓厚的兴趣，整天与斧子、锯子、刨子打交道，只知道制作木器，盖小宫殿，而且技艺精通纯熟，一般工匠难以望其项背。可是，他生于帝王之家，别人眼中的幸运成为他的不幸，历史给他的定论只能是不务正业的“木匠皇帝”。他就是明熹宗朱由校。

2. 最伟大的太监

他年少时就受父辈影响，向往远方的世界；他懂兵法，有谋略，英勇善战，具有军事指挥才能；他知识丰富，熟悉西洋各国的历史、地理、文化、宗教，具有卓越的外交才能。他是伊斯兰教徒，又是佛家弟子，因此他被明成祖选中七下西洋，震慑了倭寇，发展了海外贸易，推广了中华文明。他就是郑和。

3. 最具权势的宦官

他总是在明熹宗兴致勃勃地做木工活计时，就拿出一大堆奏章文件请他审批，不耐烦的皇帝就让他全权处理，于是他逐渐掌握朝政，自称“九千岁”，朝廷上下只知有魏阉，不知有皇帝。他残酷镇压伸张正义的东林党人，拆毁全国书院，在全国大造生祠。崇祯即位后，他自知罪行累累，上吊自杀。他就是魏忠贤。

三、故事精选

开国皇帝朱元璋

故事导航

元朝末年，贫农出身的朱元璋举起起义的大旗，最后战胜各路起义军，统一天下，建立了大明王朝。

朱元璋（1328 年—1398 年），濠州钟离（今安徽凤阳东北）人，出生在一个贫困家庭，小时候为地主放过牛。后来他的父母、兄长等亲人相继死去，他便落发为僧，乞讨度日。1351 年，郭子兴率军发动了起义，次年，朱元璋便脱下袈裟，只身投靠起义军。由于胆识过人，他很快便在战场上崭露头角。

1355 年是朱元璋人生中的关键一年。他率军横渡长江，向富庶的江南进发。他的将士多为江北人，依恋故乡，因而行军缓慢，朱元璋为了断其归乡之念，便斩断船缆，推船入江。将士们见无路可退，便奋勇争先。1356 年，朱元璋率军一举攻下集庆（治今江苏南京）。元朝主将战死，余部纷纷投降。朱元璋以应天（由集庆改置）为基地，制定“高筑墙，广积粮，缓称王”的战略，扩大势力，站稳脚跟，建立了稳固的根据地。

1363 年，朱元璋在鄱阳湖大败对手陈友谅。1366 年，朱元璋派人去迎接红巾军的首领小明王韩林儿，中途船沉，韩林儿沉入江中溺死。

1367 年，朱元璋首先消灭了张士诚的割据势力。接着，任命徐达为征虏大将军、常遇春为副将军，让他们率领二十五万大军北伐。过了两个月，徐达的军队旗开得胜，占领了山东。洪武元年（1368 年）正月，朱元璋在应天即位称帝，定国号为明，建元“洪武”，他就是明太祖。

明军乘胜进军，元兵节节败退。洪武元年（1368 年）八月，徐达率领大军直捣大都，元顺帝逃往上都（元路名，治今内蒙古正蓝旗东），统治中国近百年的元王朝终于被推翻。至此，朱元璋基本统一了中国。

创业容易守业难。朱元璋把应天府改称南京，立其结发妻子马氏为皇后，长子朱标为皇太子。当上皇帝后，朱元璋就开始思考如何才能让他的子孙永远当皇帝，让朱家王朝传至千秋万代。

他的第一个办法是将儿子封王。朱元璋的后妃们一共给他生了二十六个儿子，十六个女儿。除了长子朱标被封为皇太子，还有一个皇子朱楠夭折，其余二十四个皇子全都被封为亲王（也叫藩王）。亲王们的封地遍及全国，他们主宰着那里的一切。朱元璋的二儿子朱樉被封到西安（今陕西西安），这里曾是古秦国地域，朱樉便被封为秦王；三儿子朱㭎被封在太原（今山西太原），这里曾是古晋国地域，朱㭎便被封为晋王；四儿子朱棣被封在北平（即元大都，今北京），为燕王。以此类推，这二十四王就像一张特大的蜘蛛网，把整个中国都笼罩在朱家的势力范围之内。

亲王府内设置官署，由“相国”主持，还有护卫的军队。亲王有着很大的权力，拥有当地驻军的调动指挥权。不过有一个限制：被分封的各亲王不能干预地方的民政。除王府以外，地方民政都归各级地方官吏掌握。

第二个办法是大封功臣。所谓功臣，是指跟随他打天下的文官武将。这些开国元勋多是有才能的人，笼络住他们，朱元璋就可以保住政权。洪武初期，这些功臣封公的有六人，分别是徐达被封为魏国公、常茂（常遇春之子）为郑国公、李善长为韩国公、李文忠为曹国公、冯胜为宋国公、邓愈为卫国公。封侯的有二十八人。当初随朱元璋起兵的“二十四将”，除已故的外，都得到封赏。

朱元璋还别出心裁，设立了一个特务机关——“锦衣卫”，让其随时监视大臣们的行动，向皇帝报告。但百密还有一疏，国家那么大，人员那么多，再加上一些贪官污吏从中挑拨离间，自然会生出事来。而朱元璋随着年纪的增长，性格也发生了变化，原先那种坦诚待人的长处不见了，变得刻薄、多疑、凶残。特别是他看到太子朱标很像他的母亲马皇后，性情朴实，待人宽厚，他怕太子将来驾驭不了那些功臣，从而威胁到朱家的皇位，于是下狠心，决定把那些可能影响朱家王朝安全的人全部杀掉。

洪武十三年（1380年）、二十六年（1393年），朱元璋分别借丞相胡惟庸谋反案和凉国公蓝玉谋反案，杀掉了几万人。死于两案的功臣有李善长、陆仲亨、费聚、唐胜宗、张温、曹震、陈桓等人，“二十四将”中，除花云等少数战死以及病卒的以外，其余的几乎都被他杀死。汤和是个例外，他主动交出兵权回家养老才得以幸免。真是伴君如伴虎，可怜当年名噪一时的“二十四将”，无几人得以善终。

逃脱朱元璋毒手的功臣，还有刘基（刘伯温）。他当年给朱元璋出谋划策，功劳不在李善长之下。朱元璋原来也想封他为“公”的，但他坚决不受，后来告老还乡了。因为他聪慧过人，与朱元璋相识十几年，深知朱元璋的为人，所以故意远离皇帝，以免被害。

皇后马氏是个忠厚的人，听说朱元璋滥杀无辜，便加以劝阻，但朱元璋不听。马皇后郁郁不乐，后患病拒绝就医，于洪武十五年（1382年）去世。

太子朱标目睹了父皇的暴虐，几次进谏，都被斥退。为了讽喻太子，表明自己的隐衷，朱元璋故意丢一根棘杖在地上，要朱标拿起来，朱标面有难色，朱元璋语带双关地说：“你怕刺不拿，我替你把这些刺拔掉，然后再交给你，你不就敢拿了吗？”

朱元璋见朱标过于柔弱，倒是四皇子燕王朱棣聪颖勇武，有些像他，就打算把太子朱标废掉，立朱棣为太子。他跟几个大臣商量，大臣们认为废长立幼，不合宗法，都不同意。但朱标知道后，明白父皇不喜欢自己，终日惶惧不安，于洪武二十五年(1392年）去世。太子朱标死后，朱元璋依据宗法原则，立朱标次子朱允炆为皇位继承人。

明太祖是农家出身，对农民生活多少有点了解。他即位以后，也十分注意实行休养生息的政策。他告诫地方官员说:“现在天下刚刚安定，百姓财力困乏，就好像初飞的鸟，不能拔它的毛；新种的树，不能摇它的根。”他要官员们廉洁守法，不能贪赃枉法，加重人民负担。他又招集流亡农民开垦荒地，免除他们三年的劳役和赋税；要各地驻军屯田垦荒，做到粮食自给。他还兴修水利，奖励植棉种麻。所以，明朝初年的农业生产有了明显发展，新建立的明王朝统治也巩固下来。

·读一读　查一查·

马皇后

马氏早年丧母，被郭子兴夫妇收养为义女。郭子兴做农民起义军元帅时，马氏嫁给了英勇善战的朱元璋。有一次，性情暴躁、气度狭小的郭子兴把朱元璋关了起来，不给饮食。马氏偷出刚出炉的热饼，揣在怀里给朱元璋送去，以至烫伤了胸脯。在朱元璋领兵征战的年代，她亲手为将士缝衣做鞋。与朱元璋敌对的陈友谅大兵临城，大家都非常慌乱，马氏却镇定如常，把宫中的财宝衣帛都发给士兵，稳定了军心，对朱元璋获得胜利起了重要作用。

·读一读　悟一悟·

朱元璋的手下将领在他的带领下，出生入死，历尽艰难，才打下江山，但是朱元璋为了自己的利益，残忍地杀害了他们，真是忘恩负义。

施耐庵著《水浒传》

故事导航

《水浒传》是中国家喻户晓的“四大名著”之一，它是中国历史上第一部描写农民起义的小说，对后世的小说、戏剧、民间文艺产生重大影响。

《水浒传》是我国家喻户晓的“四大名著”之一，它是我国历史上第一部用白话文写成的描写农民起义的长篇章回体小说。作者施耐庵是元末明初著名的小说家。

施耐庵为钱塘（今浙江杭州）人。据说他小时候天资聪颖，读书非常用功，是学堂里学习最好的学生。除学堂规定的各种经书、史书之外，施耐庵还看了不少民间的话本、小说。所谓话本就是民间说书艺人以历史故事和当时社会生活为题材编写的说书脚本。书中英雄的豪爽仗义让施耐庵十分敬佩，他向往着长大以后也成为一个文武双全的英雄。于是施耐庵经常在放学后练习武艺。随着一天天长大，施耐庵渐渐成为一个文武双全的年轻才子。

年轻的施耐庵参加了元朝的科举考试，中了进士，做了钱塘的一个地方官。可是元朝推行对不同民族分级的制度，施耐庵的官当了没几年，他就因对当时的社会状况不满，辞官还乡了。

施耐庵回乡后以开学堂教书为生。教书之余，他常常去书场听说书人讲梁山英雄的故事，并深深为之着迷。一天，施耐庵在逛书铺的时候偶然发现了一本《宋江三十六人赞》，书中完整地记录了宋江等三十六人的名字和绰号。施耐庵如获至宝，买回去后仔细研读，并思量要是写一本这样的书一定会大受欢迎。

从此，施耐庵开始四处搜集资料，并着手写作。关心他的亲友知道他在写这么一本书，都劝他："历代以来从没有为盗贼立传的书，即使官府不管，写完了也没有书肆敢刊发。"但施耐庵不为所动。他关了学堂，专心写书。书里要描写的人物众多，怎样才能使书里的人物鲜活起来呢？施耐庵刚好认识一位擅长画人物的画家，就请他按照宋江等三十六人在人们心目中的形象画了三十六幅形神兼备的画。他把这些画高高地挂在自己家里的墙上，每天对着画琢磨，想象这些人物会怎么说话、做事。想着想着，他好像来到这些人物身边，和他们一起劫富济贫，大碗喝酒，大块吃肉。他还经常到街头人多热闹的地方，观察各种各样的人的言谈举止，在熙熙攘攘的闹市，宋江、武松、鲁智深这些英雄生活的场景逐渐清晰起来，武大郎、王婆、潘金莲、西门庆这些平常人物也一个个鲜活生动起来。

正当施耐庵专心写作的时候，元朝末年的农民起义爆发了，在江南一带就有张士诚、方国珍等人领导的起义军。施耐庵早就不满元朝统治者对汉人的压迫和倒行逆施，得知起义军在招兵买马，就加入张士诚的队伍，成了张士诚帐下的军师。后来，张士诚在和朱元璋争夺天下的战争中失败，施耐庵返回故乡重新投入《水浒传》的写作中。

《水浒传》是施耐庵在宋、元以来广泛流传的民间故事、话本、戏曲的基础上进行的综合性再创作。宋江等三十六人在水泊梁山的农民起义是其创作的历史根据。在戏曲发达的元代，出现了一批水浒戏，《水浒传》的人物故事日益丰富起来，水浒英雄也由三十六人增至七十二人，又发展到一百零八人。施耐庵在这一基础上，广泛搜集民间传说，加以连缀改编，写下了这部不朽巨著——《水浒传》。

《水浒传》一经问世，人们争相传阅，爱不释手。

施耐庵创作的《水浒传》全面反映了以宋江为首的农民起义军由产生到发展，再到以失败告终的全过程。故事的开始具体描写了各路英雄遭受种种迫害，纷纷被逼上梁山聚义的经过；接着写众好汉聚众起义，攻夺城池，与官军苦斗的历程；小说的最后写起义军在宋江的影响下，接受朝廷的招安，并受派遣征战辽国，平定江南方腊的起义军。

施耐庵的《水浒传》对后世产生了广泛而深远的影响。书中的反抗精神、革命乐观主义精神极大地鼓舞了明清时期的农民起义军。无数起义领袖从中获得巨大的力量，学习到丰富的斗争经验和方法，这引起封建统治阶级对此书的痛恨，明清两代都曾将它列为禁书。《水浒传》中一个个光辉的英雄人物一直活在人们的心中。不管如何禁毁，这部作品已在人民群众心中深深地扎下了根，其巨大的影响是任何一个统治者都禁止不了的。

作为一部优秀的文学作品，《水浒传》对后世的小说、戏剧、民间文艺的创作也产生了难以估量的巨大影响。它不仅为后世的文学写作提供了大量的素材，而且它在创作手法、结构安排、人物塑造、语言运用、细节描绘、场景渲染等方面均有大量值得后世借鉴的地方。在历史的长河中，它是一颗璀璨的文学明珠，永放异彩。

·读一读　查一查·

元朝的等级制度

元朝为了维护蒙古贵族的统治特权，削弱各族的反抗，采取了分化的民族压迫政策。元朝把全国人分为四等：一等蒙古人，二等色目人，三等汉人，四等南人。四等人在政治、法律和经济上的地位，都有不同的规定，带有明显的种族歧视成分。如地方机构中的达鲁花赤掌握实权，而此职只能由蒙古人或个别出身高贵的色目人担任。

·读一读　悟一悟·

施耐庵为了把小说中的人物写得鲜活真实，深入市井仔细观察，甚至把人物画成图像挂在家里观察，正是这种认真的态度帮助他写成了流芳千古的《水浒传》。

·小小资料库·

古代职业的称谓

对一些以技艺为职业的人，称呼时常在其名前加一个表示他的职业的字眼，让人一看就知道这人的职业身份。如《庖丁解牛》中的“庖丁”，“丁”是名，“庖”是厨师，表明职业。《师说》中的“师襄”，“师”意为乐师，表明职业。《柳敬亭传》中的“优孟”，“优”用以称以乐舞戏谑为职业的艺人。

郑和下西洋

故事导航

明成祖时期，为了宣扬国威，郑和七下西洋，为发展中国与当时“西洋”各国的友好往来做出了巨大的贡献。

郑和，本姓马，一说原名文和，小名三保，云南昆阳（今云南晋宁）人。洪武十四年（1381年），朱元璋的大将沐英出兵云南，追缴元朝的残余势力，年幼的郑和被明军掳走，后入宫做宦官。

朱棣起兵篡夺帝位之时，将三保派到军中。三保足智多谋，精通兵法，立下了不少战功。朱棣即位之后，就晋升三保为内官监太监，对他宠信有加，还亲自书写了一个大大的“郑”字赐给三保为姓。从此，他便叫郑和。

郑和家世代信奉伊斯兰教，他的祖父和父亲都曾航海前往伊斯兰教的圣地麦加朝圣。郑和既信仰伊斯兰教，又熟悉佛教，还有个“福吉祥”的法名。

为了提高自己的威信，朱棣派了不少使臣出使邻国宣扬国威。那时候，人们把现在苏门答腊岛以西的整个印度洋及沿岸各地都称作“西洋”，西洋海路险远，沿岸基本上是信奉伊斯兰教或佛教的国家，之前一直没有人出访过。气宇轩昂、聪明能干、既是伊斯兰教徒又精通佛教教义的郑和就成了下西洋最合适的人选。

郑和接受了明成祖朱棣的特殊使命，开始着手筹备一支船队出使西洋。在这支船队中，光巨大的楼船就有六十二艘，一律长四十四丈、宽十八丈。他招募了众多的水手、担任翻译的通事、修理器械的匠人以及医生、伙夫等，再加上随行的将士，共两万七千八百余人。随船装载的除了自用的粮食、淡水、药材以及日用器皿之外，还有大量的绸缎、瓷器等中国特产，作为对所到各国的贸易品和赏赐品。

明永乐三年（1405 年），出使西洋的船队在苏州刘家港起锚远航，路经福建长乐，稍事停留之后，由闽江口五虎门驶向南洋。一路上风急浪高，但六十二艘船只在郑和的指挥下井然有序地向前行进，顺利地到达了占城（今越南中南部），然后经爪哇的苏鲁马益，再到苏门答腊岛东南部的旧港。船队一路战狂风，斗恶浪，历经千辛万苦才抵达旧港，谁知却在此遭遇了一场与海盗的恶战。

旧港的海盗首领陈祖义，原是广东人，洪武年间跑到南洋，纠集了一伙海盗占领了旧港，以劫掠过往的各国商船为生，烧船杀人，无恶不作，一直无人能制服他。当郑和的船队经过这里时，陈祖义见对方船多兵众，于是假意投降，阴谋劫取船队。哪知郑和早有防备，严阵以待。陈祖义率领海盗船攻来时，郑和的船队突然炮轰箭射，杀得海盗四散奔逃。此战共烧毁海盗船十艘，杀死海盗五千余人，活捉了陈祖义，后将其押解进京处死。歼灭了海盗陈祖义，郑和为各国商人除了大害，促进了各国海上贸易的发展。

船队继续向前驶去，到达了马来半岛的满剌加（今马六甲）。为了日后航海的便利，郑和在此设立了一个据点，修建仓库，并派兵驻扎于此地。全体人员在这里休整了一段时间，然后再次扬帆起航，先后顺利到达苏门答腊国（今苏门答腊岛一带）、锡兰山（今斯里兰卡）、古里（今印度西南沿海科泽科德一带）等地。郑和拜访了每一个地方的酋长、国王，向他们表达了明朝想要与他们通商友好的诚意，所赠送的礼物令各国首领爱不释手。郑和还与当地的商人做生意，他将随船载来的大量货物与各国商人进行公平交易。当船队返航时，来时满船的丝绸、瓷器等已换成了异国的象牙、香料、宝石、胡椒、硫黄、染料等，郑和甚至还带回了狮子、鸵鸟等珍禽异兽。各地酋长与国王所回赠的礼品也是琳琅满目，数不胜数。

经过两年多的艰辛航行，在永乐五年（1407年），郑和率领船队成功地结束了初次远航，满载而归。明成祖兴奋异常，厚赏了郑和诸人。很快，意犹未尽的明成祖再次命令郑和出使西洋。

郑和奉命出使锡兰山，锡兰山在当时印度洋的东西航路上。郑和代表明朝政府向锡兰山的一座寺庙赠送了很多金银供器、织锦等礼物，还在此立了一座碑，即郑和《布施锡兰山佛寺碑》。永乐七年（1409 年）夏，郑和返国。同年，郑和第三次出使西洋，再次路过此地。国王亚烈苦柰儿见中国船队携带了那么多的金银珍宝，顿起歹心。他装作很热情的样子，将郑和诱骗到国中，然后一面向郑和强行勒索金币，一面派五万人去劫掠郑和船队，情况万分紧急。郑和异常冷静，他立刻派人探听对方虚实，得知敌人倾巢出动前去进攻船队后，他果断下令，不去救援船队，而是直接攻打敌人老巢。

敌人的都城虽然空虚，但是郑和身边的士卒也只不过两千余人，要想克敌制胜，必须出其不意，攻其不备。于是，郑和率领士兵们抄小路直奔敌人的都城。将士们勇往直前，很快就抵达敌人城下。以为稳操胜券的亚烈苦柰儿正在等待捷报传来，没料到郑和已兵临城下。郑和精通兵法，他在城下指挥久经沙场的将士们砍竹伐树制成云梯。一部分人发射弓弩射击城头守兵，一部分人奋勇攀登云梯。不一会儿，明军冲入了城中，直奔皇宫，亚烈苦柰儿及其妻妾、儿女等人全部被活捉。海边的敌军正在袭击船队，突然听到都城被占、国王被掳的消息，慌忙撤兵，准备返回救援。船中的明军见状，士气大增，跳上岸来，直杀得敌人落花流水。

永乐十三年（1415 年），郑和第四次出使西洋回航时路过苏门答腊国，一天夜晚，发生了数万人偷袭船队的事情。

原来，苏门答腊国曾在永乐六年（1408 年）与位于它西边的花面国发生战争，国王中箭身亡。王子年幼，无法报仇，王后就对国人宣布，谁要是能领兵打败花面国，她就嫁给谁，并让他当国王。一个渔翁自告奋勇，领兵攻入花面国，杀死了花面国国王。之后，渔翁娶了王后，并当上了苏门答腊国的国王。老国王的儿子长大后，竟杀了渔翁，夺取了王位。渔翁有个儿子叫苏干剌，他想报杀父之仇，也想争夺王位，但实力悬殊，被打败后逃到山中，自立一寨。此次郑和来到苏门答腊，给国王献了厚礼，苏干剌非常气愤，所以夜间率众数万袭击船队。郑和指挥将士沉着应战，苏门答腊军队密切配合，苏干剌的几万军队被杀得溃不成军，苏干剌被活捉，后来被押解至北京处死。

从 1405 年至 1433 年，郑和率领船队七次下西洋，二十八年的航海生活耗尽了他的心血。宣德八年（1433 年）四月，这位伟大的航海家在他最后一次远航的归途中，在印度半岛西南部的古里病逝。

郑和七次下西洋，先后访问了亚洲和非洲的三十多个国家和地区，最远到达红海沿岸和非洲东海岸，在世界航海史上，他是打开从中国到东非航道的第一人。作为一位出色的外交使节，郑和为发展中国与当时“西洋”各国的友好往来做出了很大的贡献。

今天的马来西亚、印度尼西亚、泰国、斯里兰卡等国，依然留存着三保城、三保井、三保塔等地名和古迹，这充分表明了当地人民对这位杰出的航海家与友好使者的永久怀念。

·读一读　查一查·

西洋

古代中国人以中国为中心的一个地理概念。明朝时期的西洋是指今文莱以西的东南亚和印度洋沿岸地区。“郑和下西洋”“西洋镜”中的“西洋”就是此义。广义西洋还包括欧洲等地。晚清用西洋一词特指欧美国家，相当于今天“西方世界（不含日本）”这个含义。西洋概念与东洋、南洋等概念相对应。南洋指东南亚，东洋指日本。

·读一读　悟一悟·

郑和不怕艰辛困苦，不怕强盗横行，凭借自己的聪明与智慧，一次又一次化解了航程中的危险，不愧是中国乃至世界历史上的伟大的航海家。

努尔哈赤

故事导航

万历年间，女真族在爱新觉罗·努尔哈赤的带领下逐渐发展壮大。天命三年（1618年），努尔哈赤以复仇的名义攻打明朝，明军节节败退，最后在袁崇焕的阻击下才止住败势。

明朝政治越来越腐败，边防也越来越松弛，在我国东北地区的女真族的一支——建州女真趁机扩大势力，开始强大起来，它的领袖是爱新觉罗·努尔哈赤。

爱新觉罗·努尔哈赤，1559 年生于明建州左卫赫图阿拉（今辽宁新宾）一个女真族奴隶主的家庭里。其祖父觉昌安、其父塔克世都曾先后担任过明朝的官职，史籍中有的说是“都督”，有的说是“都督佥事”。

明万历十一年（1583 年），建州女真部有个图伦城的城主尼堪外兰，引明军攻打古勒寨城主阿台，而阿台的妻子是觉昌安的孙女。觉昌安收到消息，带着塔克世到古勒寨探望孙女，正碰上明军攻打古勒寨，觉昌安和塔克世在混战中都被明军杀死。努尔哈赤得知祖父和父亲双双惨死后，痛哭了一场，并想为他们报仇，但是想到自己的力量太小，不敢得罪明军，就把一腔怨恨全集中在尼堪外兰身上。他跑到明朝官吏那里说：“杀我祖父、父亲的是尼堪外兰，只要你们把尼堪外兰交给我，我也就甘心了。”但明朝官吏只把他祖父、父亲的遗体交还给他，不肯交出尼堪外兰。

努尔哈赤满腔悲愤地回到家里，翻出了他父亲留下的十三副盔甲，分发给他手下的士兵，并下令向图伦城进攻。努尔哈赤英勇善战，尼堪外兰不是他的对手，狼狈逃走。努尔哈赤攻克了图伦城，继续追击，趁机又征服了建州女真的一些部落。

尼堪外兰东奔西窜，最后逃到了鄂勒珲，请求明军保护。努尔哈赤也追到那里。明军看他不肯罢休，怕因此引起战争，就将尼堪外兰交给了努尔哈赤。

努尔哈赤杀了尼堪外兰，声势越来越大，过了几年，他统一了建州女真。这就引起女真族其他部的恐慌。当时的女真族共有三部，除了建州女真之外，还有海西女真和东海女真。海西女真中有个叶赫部实力最强。1593 年，叶赫部联合了女真、蒙古的九个部落，结成联盟，合兵三万，分三路进攻努尔哈赤。

努尔哈赤听到九部联军来攻，事先做好了迎战的准备。他在敌军来的路上埋伏了精兵；在路旁山岭边安放了滚木礌石。一切安排妥当，他就安安稳稳睡起觉来。

第二天，建州派出的探子回报敌兵人数众多，将士们听了有点害怕。努尔哈赤就解释说："别害怕，现在我们占据险要地形，敌兵虽然多，不过是乌合之众，一定会互相观望。如有哪一个领兵先攻，我们就杀他两个头目，不怕他们不退。"

九部联军到了古勒山下，建州兵在山上严阵以待，先派出一百骑兵迎战。叶赫部一个头目冲来，马被木桩绊倒，建州士兵去把他杀了，另一头目看到这情景被吓昏过去。这一来，九部联军没有统一指挥，四散逃窜，努尔哈赤乘胜追击，击败了联军。又过了几年，他基本统一了女真族各部。

为了便于作战和生产，努尔哈赤把女真族各部编为八个旗，即正黄、正白、正红、正蓝、镶黄、镶白、镶红、镶蓝，分别以不同的旗帜颜色命名和做标志。作为军队最高统帅，努尔哈赤还亲自统领正黄旗、镶黄旗，其余六旗由其子、弟统领。努尔哈赤在经济和文化领域也都有所建树，开矿冶铁，制造兵器，发展手工业，放养柞蚕，种植粮食，还创造了自己部落的文字，称为“满文”。

万历四十四年（1616 年），努尔哈赤在赫图阿拉建都，自称大汗，定国号为金，史称“后金”，建元天命。1618 年，努尔哈赤召集八旗首领，商议如何对付明朝，而后与众将誓师，宣布与明朝为敌，因为七件事同明朝结下了冤仇，叫作“七大恨”。这第一恨就是明朝无端挑衅，杀了他的祖父和父亲。因这仇恨，努尔哈赤誓与明朝不共戴天，决定出兵讨伐明朝。

天命三年（1618 年），努尔哈赤开始向明朝宣战。他公布了“七大恨”的檄文，以示师出有名。八旗子弟挥师南下，短短八九年间，抚顺、清河等明朝在辽东、辽西的军事重镇先后落入后金军队之手。特别是著名的萨尔浒战役，使明朝与后金之间的力量对比、战争态势发生了根本性的转变，后金实力开始上升，而明朝则一天天转为守势。

努尔哈赤所向披靡，马鞭几乎指到了山海关。但就在这时，六十七岁的“马上皇帝”努尔哈赤在宁远城（今辽宁兴城）遭到了明朝大将袁崇焕的顽强抵抗，努尔哈赤受伤，兵退盛京（今辽宁沈阳），不久，忧郁成疾，死于背痈。这年是明天启六年，后金天命十一年，公元 1626 年。努尔哈赤死后第三年，葬于福陵。

努尔哈赤创建的后金在他死后第十年，便改国号为“清”。

·读一读　查一查·

女真

中国古代生活于东北地区的古老民族，6至7世纪称“黑水靺鞨”，10世纪起始更名女真。直至17世纪初建州女真满洲部逐渐强大，其首领努尔哈赤建立后金政权，至其子皇太极时期已基本统一女真各部，遂颁布谕旨改女真族号为满洲，女真一词就此停止使用。后来满洲人又融合了蒙古、汉、朝鲜等民族，逐渐形成了今天的满族。

·读一读　悟一悟·

努尔哈赤不忘国仇家恨，苦练本领，立志报仇，最后终于取得成功，可见无论做什么事都要有决心，有毅力。

清朝

一、十分钟了解清朝

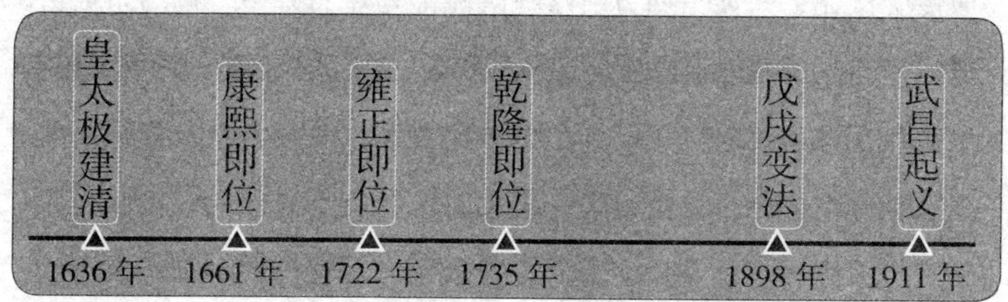

清朝，又称大清，简称清，是中国历史上最后一个封建王朝，也是中国历史上第二个由少数民族（满族）建立并统治全国的封建王朝。清朝从皇太极改国号为清起，共历经十一帝，统治全国二百七十六年。清朝开疆拓土，鼎盛时领土达一千三百多万平方公里。康熙年间，统一了台湾；乾隆中叶，平定准噶尔、回部，统一了新疆，一举解决了中国历史上游牧民族和农耕民族之间旷日持久的冲突，奠定了现代中国版图的基础，增强了中华民族的团结力和凝聚力。

1. 皇太极建清

1636 年，皇太极称帝且改努尔哈赤的“金”国号为“清”，正式建立清朝，改年号为崇德。清朝于 1645 年灭大顺、南明弘光；1646 年灭大西、南明隆武、南明绍武；1662 年灭南明永历；1664 年消灭大顺残余势力。清朝入关后历经二十多年的战争，基本统一了全国。

2. 康熙王朝

康熙是清朝历史上在位时间最长的皇帝。他文武双全，既精通传统文化，又涉猎西方科学；既能上马左右开弓，御驾亲征击退噶尔丹，又能治国安邦，善于管理。他运筹帷幄，决胜千里，坐镇北京取得了对三藩、沙俄的战争胜利，收复台湾，显示了康熙卓越的军事指挥才能。另一方面，康熙有着过人的政治眼光和手腕。康熙创立“多伦会盟”取代战争，联络蒙古各部；以条约确保了国家在黑龙江的领土不被侵犯；康熙还特别重视教育，奠定了持续一百多年的“康乾盛世”的基础。

3. 雍正王朝

雍正帝盛年登基，在位 13 年。他最主要的特点就是改革，可谓大刀阔斧，快刀斩乱麻。他对许多事情都做了重大的改革，特别是对一些制度上的改革。他在位短短的十三年所做出的改革，比康熙几十年里所做出的改革还要多。可以说雍正是一个改革型的皇帝。雍正起了“康雍乾”三代承上启下的作用。他严厉打击贪污受贿，重视财政审计。他的严厉统治和超乎寻常的努力帮助大清帝国逐渐走向鼎盛，为康乾盛世起了承前启后的作用。

4. 乾隆王朝

乾隆帝执政六十年，在文治武功方面都有建树，为巩固统一的多民族国家，发展清朝康乾盛世局面做出了重要贡献，确为一代有为之君。他主持编纂《四库全书》，为整理和总结中国历史文化遗产做出了重大贡献；他粉碎了准噶尔贵族割据势力，派遣大批军队进驻新疆；他打退了廓尔喀对西藏的进犯，对西藏地方的人事、行政、财政、军事、对外关系等方面做了明确规定，并以法律形式予以确定。

二、清朝之最

1. 最大的贪官

和珅聚敛财富之多，在历代文武大臣中当首屈一指，他的确是中国古代最大最富的贪官。从他被嘉庆帝亲政后勒令自尽和抄没家产入官，可以知道大概情形。嘉庆四年（1799 年），嘉庆帝下谕，定了和珅二十条大罪，其中讲到和珅的财产有：夹墙私库有金三万两千余两，地窖内埋藏银三百余万两。另外，档案记载，和珅还有取租之地一千二百六十余顷、取租之房一千余间，以及大量珠宝玉器衣服书籍等，数量之巨大，前所未有。至于私人的笔记和野史，更把抄没的和珅的家产说得多得不得了。

2. 最伟大的长篇小说

它是作者曹雪芹“披阅十载，增删五次”的呕心沥血之作，它是我国古典长篇小说的顶峰之作，它创造了林黛玉和贾宝玉千古不朽的人物形象和凄美爱情，反映了四大家族的荣辱悲欢，全面地描写了封建社会末世的人性世态及种种无法调和的矛盾。它是永远也说不完道不尽的《红楼梦》。

3. 最大的戏剧品种

京剧源于明朝的昆曲和京腔，形成于乾隆、嘉庆年间。京剧是中国的“国粹”，已有两百年历史。京剧之名始见于清光绪二年（1876 年）的《申报》，历史上曾有皮黄、二黄、黄腔、京调、京戏、评剧、国剧等称谓，系乾隆五十五年（1790 年）四大徽班进京后与北京剧坛的昆曲、汉剧、弋阳、乱弹等剧种经过五六十年的融汇、衍变而成，是中国最大的戏曲剧种。

三、故事精选

吴三桂引清兵入关

故事导航

李自成攻入北京城，决定招降守关重臣吴三桂，但是吴三桂为报父仇引清兵入关。在清兵的强力打击下，李自成起义失败了，清王朝开始在中国建立了它的统治。

崇祯帝眼看着李自成的大军攻入北京城，而自己已无力回天，于是，在煤山（今北京景山）一棵槐树上上吊自杀了。至此，统治中国二百七十七年的明王朝宣告灭亡。

大顺起义军攻破北京，大将刘宗敏首先率领队伍进城，接着，大顺王李自成头戴笠帽，身穿青布衣，骑着骏马，缓缓地进了紫禁城。北京的百姓像过节一样，张灯结彩，欢迎起义军。

大顺政权一面出榜安民，让大家安居乐业；一面严惩明王朝的皇亲国戚、贪官污吏。李自成派刘宗敏和李过勒令那些权贵交出平时从百姓身上搜刮来的赃款，充当起义军的军饷，拒绝交付的处以重刑。少数民愤较大的皇亲国戚被起义军抓起来杀头。

有个大官叫吴襄，被刘宗敏抄了家产，并且被逮捕起来追赃。有人告诉李自成说，吴襄的儿子吴三桂是明朝的宁远总兵，手下还有几十万大军，如果把吴三桂招降了，岂不是解除了大顺政权的一个威胁？李自成觉得这个主意很好，就叫吴襄给他儿子写信，劝说其向起义军投降。吴三桂原来是明朝派去抗清的，驻扎在宁远一带。起义军逼近北京的时候，崇祯帝接连下令要吴三桂带兵援京，对付起义军。但吴三桂赶到河北时，北京已被起义军攻破。过了几天，吴三桂收到吴襄的劝降信，便犹豫起来。北京还有他的家属、财产，他舍不得丢掉，便想：既然李自成来招降，不如到北京去看看情况。

吴三桂带兵到了沙河驿，遇到从北京逃出来的人。吴三桂一问，听说他父亲吴襄被抓，家产被抄，已经恨得咬牙切齿，接着又听说他最宠爱的妾陈圆圆也被起义军抓走了，更是怒气冲天，立刻下令退回山海关，并且要将士们一律换上白盔白甲，说是要给死去的崇祯帝报仇。

李自成得知吴三桂拒绝投降的消息后，决定亲自率大军进攻山海关。吴三桂本来就害怕农民军，听到这个消息，吓得魂飞魄散。他也顾不了什么气节，便写了一封信，派人飞马出关，请求清朝帮助他镇压起义军。

清朝辅政的亲王多尔衮接到吴三桂的求救信后，觉得机会来了，立刻回信表示同意。接着，多尔衮亲自带着大军，日夜不停地向山海关进兵。

清军刚到山海关外，吴三桂就迫不及待地遣使去迎接多尔衮，后又亲自到清营去见多尔衮，卑躬屈膝地哀求多尔衮帮他报仇。多尔衮自然顺水推舟地答应了。吴三桂把多尔衮请进关里，大摆酒宴，杀了白马乌牛，祭拜天地，订立了盟约。

李自成大军从南面开到山海关，依山靠海摆开一字阵，一眼望不到边。多尔衮从城头望见起义军阵容整齐，料想不容易对付，就让吴三桂打先锋，叫清军埋伏起来，自己和几名清将远远地躲在后面的山头观战。

战斗开始了，李自成骑着马登上西山指挥作战。吴三桂带兵一出城，起义军的左右两翼就合围包抄，把吴三桂和他的队伍团团围住。吴兵东窜西突，冲不出重围；起义军英勇奋战，喊杀声震天动地。正在双方激烈战斗的时候，突然吹来一阵狂风，把地面上的沙尘刮起，一时间天昏地暗，人影难辨。多尔衮看准时机，命令埋伏在阵后的清兵一齐出动，向起义军发起突然袭击。起义军毫无防备，也弄不清是哪里来的敌人，心里一慌张，阵势也就乱了。直到风定下来，天色转晴，才看清楚对手是留着辫子的清兵。

李自成在西山上发现清兵已经入关，想稳住阵脚指挥抵抗，可已经来不及了，只好传令后撤。多尔衮和吴三桂的队伍里外夹击，起义军伤亡惨重。李自成带领将士边战边退。吴三桂仗着清兵人多势众，在后面紧紧追赶。

李自成回北京后称帝，第二天清早就率领起义军离开北京，向西安撤退。

李自成离开北京后，多尔衮带领清兵耀武扬威地闯进北京城。顺治元年（1644 年）九月，多尔衮把顺治帝从盛京接到北京，把北京作为清朝国都。从那时候起，清王朝就开始在中国建立它的统治了。

第二年，清军兵分两路攻打西安。一路由阿济格和吴三桂、尚可喜率领，一路由多铎和孔有德率领。李自成率领农民军在潼关抗击清军，经过激烈战斗，最终被迫放弃西安，向襄阳转移。过了几个月，农民军在湖北通山九宫山遭到当地地主武装袭击，李自成战败而死，年仅三十九岁。

李自成死后，清军就把进攻锋芒指向了张献忠。顺治二年（1645 年）十一月，清廷下诏招抚张献忠，张献忠毫不妥协，断然拒绝。顺治三年（1646 年），清朝派肃亲王豪格和吴三桂率军由陕南入四川，进攻大西军。张献忠虽然处境困难，但仍坚决抵抗，并于同年七月率军离开成都，北上抗击清军。同年十一月，张献忠驻军川北西充凤凰山。1647 年初，由于叛徒的出卖，张献忠受到清军的突然袭击，兵败身亡。

· 读一读　查一查 ·

陈圆圆

陈圆圆是苏州名妓，善歌舞。起初是田畹的歌妓，后被吴三桂纳为妾。相传李自成攻破北京，手下刘宗敏掳走陈圆圆，吴三桂遂引清军入关。诗人吴梅村为她作《圆圆曲》：“恸哭六军俱缟素，冲冠一怒为红颜。”吴三桂降清，清军攻陷北京，陈圆圆仍归三桂，随从至云南。晚年为女道士，改名寂静，字玉庵。

·读一读　悟一悟·

虽然李自成最后失败了，但是他敢于起义的勇气、起义中表现出的智慧让人赞叹。

康熙囚鳌拜

故事导航

康熙初年，辅政大臣鳌拜欺负康熙年幼，把持朝政，企图谋反。康熙早有防备，训练皇族少年，设计一举拿下鳌拜，除去了心腹大患，为自己的当政扫清了道路。

康熙帝名叫玄烨，他小时候就十分聪明好学。六岁的时候，玄烨去给父亲请安。顺治帝问他长大以后想做什么，玄烨先是不作声，用小手摸着父亲的龙袍，然后回答说：“我愿意继承皇位，做个英明的天子。”顺治帝觉得玄烨志向远大，并且不论长相脾气，都与自己非常相像，对他就更加喜欢了。

顺治帝去世之前指定玄烨为皇位继承人，让索尼、苏克萨哈、遏必隆、鳌拜四位大臣辅政。

玄烨八岁登上皇位，宣布改元康熙（康熙元年为1662年）。小皇帝每天不是读书就是游玩，朝政大权都掌握在辅政大臣手里。

被顺治帝指定为辅政大臣的索尼、苏克萨哈、遏必隆、鳌拜四人，经历行事与性情各不相同。索尼是一位服侍过太祖、太宗、世祖的忠心耿耿的三朝元老。苏克萨哈与鳌拜是儿女亲家，但是两人对许多事情的看法都不一致，相互间存在着不可调和的矛盾。遏必隆曾经在顺治初年被人诬告，受到撤职查办的处分，后来顺治帝亲政后为他平反，他得以恢复旧职，并于不久后升职。

在四个辅政大臣中，鳌拜是最善玩弄权术的，有极大的政治野心。他与苏克萨哈虽是亲家，二人却形同水火，互不相容。

顺治帝在世时，根据汉族地区的实际情况，改革了一些带有奴隶制残余性质的制度，例如宣布停止圈地等。可是四个辅政大臣都曾经从圈地中得到了好处，所以他们反对这项改革。顺治帝死后不久，他们就重新圈占土地。

随着时间的推移，鳌拜的野心日渐显露出来。他在四个辅政大臣中本来位居第四，可是他拼命往前挤，处处强出头，想要取得首席辅政大臣的地位。

鳌拜是清满洲镶黄旗人，勇猛善战，立过多次战功，入关后镇压农民起义军，战功显赫，顺治帝封其为议政大臣、二等公爵，后又提升他为领侍卫内大臣和少傅兼太子太傅。鳌拜脾气暴躁，傲慢无礼，善于弄权，有极大的野心。他在辅政期间处处制造矛盾，时时招募死党，排斥异己，甚至曾以交换旗地为名制造民族矛盾，借机假传圣旨，滥杀与自己意见不同的大臣。

康熙六年（1667年），索尼因病去世。鳌拜万分高兴，其野心愈加膨胀。鳌拜借康熙帝亲政免去辅政大臣之机，诬蔑、陷害其亲家苏克萨哈，又拔掉一颗眼中钉。遏必隆虽系皇亲，有赫赫战功，但他是非不分，从不得罪鳌拜，有时还站在鳌拜一边。这就促使鳌拜独霸朝政，为所欲为。鳌拜又欺负天子年幼，专横跋扈，无所顾忌，在朝中大肆培植党羽，安插亲信。一些重要的官职，鳌拜都强行安排其亲信、死党担任。更有甚者，他对吴三桂阴谋背叛朝廷的事不仅不管，还与其勾结。对于鳌拜这些罪恶行径，康熙帝既有所闻，又有所备。

康熙帝年少有志，他在祖母的教导下，懂得了很多治国安邦的道理，而且从小就练就了一身骑马射箭的武艺，可称得上是文武双全。康熙帝每日下朝后，除读书外，就是和他选拔的上百名与他同龄的少年练习擒拿、格斗等武术。同时他还秘密委派自己的亲信监视、探听鳌拜的一举一动，以做到有备无患。

康熙八年（1669年）初夏的一天，鳌拜装病，在家里与其党羽策划谋反。康熙得到消息后，决定带领自己的亲兵护卫前往鳌拜府探病以观虚实。鳌拜的死党突然听到皇帝驾到，吓得东躲西藏。鳌拜更是惊慌失措，连靴子都没脱就钻到被窝里，哼哼唧唧装起病来。皇帝的护卫掀开他的被子，一把亮闪闪的匕首露了出来。鳌拜吓得魂不附体，浑身哆嗦，犹如筛糠一般。

康熙帝神态从容，若无其事地拿起匕首，脸上露出少年天真的微笑，说："太师病成这样，还没有忘记我们满族人刀不离身的老习惯，真值得年轻人效仿。"说完把刀轻轻地放在鳌拜身边，又着实安慰了他几句，然后起驾回宫。

康熙帝的这次探病，举止大方，神态自若，言语自然，显示出了少年皇帝对年长太师无微不至的关心，丝毫没有露出对鳌拜的疑心，稳住了鳌拜。

康熙帝借这次探病看清楚了鳌拜的阴谋及其险恶用心。鳌拜的阴谋虽然暂未得逞，但是已然威胁到了清王朝的统治。因此，康熙帝回宫后及时把此事讲述给祖母听，然后又召集索额图等亲近大臣共同商讨，针对粉碎鳌拜势力的计划进行了周密安排，力求做到万无一失。

诸事安排就绪后，康熙帝下诏，命鳌拜进宫议事。鳌拜装病时没发现皇帝对他有疑心，因而仍如往常一样，旁若无人地走进皇宫，见了康熙帝仍旧是不跪拜只是哈腰，问道："陛下召老臣有何吩咐？"康熙帝十分生气，厉声喝道："鳌拜你可知罪！"鳌拜一听，心知皇上有疑，但一贯专横的他根本没把这少年皇帝放在眼里。他冷笑一声，挥动着手臂傲慢地说："臣奉先帝遗诏，辅政八年，何罪之有？"康熙帝见状，更加气愤："大胆鳌拜，结党营私，违反政令，陷害忠良，图谋不轨，还敢说无罪！"一向蛮横的鳌拜又拿出逼康熙帝诛杀苏克萨哈时的架势，冲到御案前张牙舞爪地质问康熙帝："说我犯了这些罪，有何证据？"康熙帝大怒："来人，拿下这个奸贼！"话音刚落，百余名年轻小将从后面冲出，一齐奔向鳌拜。鳌拜见状，大吃一惊，但他毕竟是久经沙场的猛将，岂会惧怕这些小将，又见他们都是赤手空拳，更不将他们放在眼里，竟挥拳与这些武士打起来。鳌拜做梦也没想到，这些小将就是康熙帝几年来精心训练出来专门对付他的擒拿勇士。没过几个回合，鳌拜就被打翻在地，五花大绑地跪在了康熙帝面前。

康熙帝擒住逆臣贼首，十分高兴，立即派兵将鳌拜府团团围住，并将其儿子、弟弟、侄子及死党全部擒获归案。随后，康熙帝召集文武大臣上殿，公布鳌拜的罪状，责令康亲王杰书会同刑部进行审讯。

鳌拜平日专横跋扈，朝野上下对其敢怒不敢言，今日被康熙帝擒获，大快人心。众大臣都佩服少年皇帝的文韬武略。金殿上，众臣列举了鳌拜的许多罪状，经归纳整理后共三十条，条条死罪，按清律应处以大辟之刑。

康熙帝又进行了一次复审，色厉内荏的鳌拜此时伏地受审，承认了所有罪行。康熙帝顾念其有功于前，又年事已高，故从轻发落，将他终身监禁。不久，鳌拜就病死在狱中。

康熙帝智擒鳌拜，给被他打击和迫害的大臣们平了反，为清王朝的统治扫除了一大障碍。康熙帝夺回皇权，开启了清朝历史上新的一页。

·读一读　查一查·

八旗制度

八旗制度由努尔哈赤开创，由女真人的牛录制扩充而来。一牛录为三百人，首领称“牛录额真”（汉译“佐领”）；五牛录为一甲喇，首领称“甲喇额真”（汉译“参领”）；五甲喇为一固山，首领称“固山额真”（汉译“都统”）。每一固山有特定颜色的旗帜，当时有红、黄、蓝、白四种颜色的旗帜。万历四十三年（1615年），满洲军建制扩大，又增设镶黄、镶白、镶红、镶蓝四个固山，共有八个固山，六万人。“固山”即满语“旗”的意思，所以八固山亦称“八旗”。

·读一读　悟一悟·

康熙很小的时候就立志做一个英明的皇帝，并为自己的理想积极准备。他善骑射，多读书，智勇双全，最终成为一代明君。我们也应该从小就树立伟大的理想。

乾隆帝勤于国政

故事导航

雍正死后，他的儿子弘历即位，即乾隆帝。乾隆即位后励精图治，缓和君臣关系，任用贤能的官员，取得了卓越的政绩。

雍正十三年（1735 年），五十七岁的雍正帝驾崩。雍正帝的儿子爱新觉罗·弘历继位，他是中国历史上寿命最长的皇帝，活到了八十八岁，也是历史上在位时间较久的皇帝之一，在位六十年，退位后还当了三年的太上皇。

弘历继位第二年改年号为乾隆。他就是历史上著名的乾隆帝。

乾隆帝勤于国政可与康熙帝、雍正帝相比。他每日早朝必在五点准时开始，夏季时，天已大亮，而冬季，天还很黑，但不论春夏秋冬，一律如此。为便于应付临时事务，乾隆帝命军机处大臣十余人，每晚一个，轮流值班；又恐突然有事，一人办理有困难，又特安排一人早晨提前上朝协助办理。乾隆帝每日早朝，为使诸人得知，由寝宫出来后，每过一门必放鞭炮，直到乾清宫。宫中值班者、太监、侍卫、杂役等，立即起来安排自己的工作。军机处十几个人每五六天轮一次已觉得辛苦，然而皇帝天天如此，诸臣很佩服，便不敢懈怠。西部边疆用兵时，每次有军报来，即使是半夜也必须呈报皇上。乾隆帝必亲自批阅、处理；紧急时还要召军机大臣商议，然后起草诏书，常常一忙就是三四个小时，不得安睡。

乾隆帝继位后，缓和了君臣之间的关系。他释放了被禁锢的允禵等人，并封允禵为公爵；恢复了允禩、允禟的宗籍，收入皇室家谱；封自己的兄弟为亲王，尊母亲钮祜禄氏为皇太后，立富察氏为皇后。

乾隆帝对有功之臣除嘉奖、提升外，还下诏绘功臣画像，挂在紫光阁内。乾隆四十一年（1776 年）平金川，绘功臣像一百幅；乾隆五十三年（1788 年）平台湾，绘功臣像五十幅；乾隆五十七年（1792 年）平廓尔喀，绘功臣像三十幅。乾隆帝亲自参加祭祀。

乾隆帝继位后不久，正赶上平度州（今山东平度）闹水灾，平地水深三尺，低洼处则汪洋一片。百姓们扶老携幼，拖儿带女，向高处逃难。平度知州颜希深积极组织人力抢救，忙了两天两夜，没合一次眼，没吃一顿热饭。水退后，又面临灾民的吃饭问题。县府各粮仓都有粮食，但如果不奏明皇上擅自开仓放粮，就是死罪；如果上奏皇上后再放粮，往返公文的时间又将饿死多少人！颜知州决定即使自己丢掉性命，也要为全县几万灾民着想。他将此事告诉了母亲。其母深明大义，赞成儿子的做法。颜希深得到母亲的支持，立即命令全县各粮仓全部开仓放粮，赈济灾民。

无家可归的灾民领到了救济粮，保住了性命，重建了家园。灾民们拥到县衙感谢颜知州，高呼皇恩浩荡。然而，这事却激怒了山东巡抚，他一面具文上奏，一面命颜知州听参。乾隆皇帝收到这份奏折，弄清了事情的真相后，将这山东巡抚痛责一顿，褒奖了颜希深，并告诫诸臣，再遇到这类问题，允许先斩后奏，后又下旨提升颜希深为莱州知府，封其母为三品夫人。

乾隆十一年（1746 年），驻大金川的莎罗奔叛清，乾隆帝任张广泗为川陕总督，进剿大金川叛逆。张广泗原是鄂尔泰部将，作战勇猛，屡立战功。张广泗奉命后，调兵三万，分两路进击，一路势如破竹。副将马良柱更是骁勇善战，乘胜直攻匪巢。贼兵屡次请降，均遭张广泗拒绝。张广泗要求务必将贼兵全部歼灭。但他忌妒马良柱的战功，竟将其调回，改派别将，使贼众有了可乘之机，一举反攻，使得胜之师成为失败之军。张广泗对此秘而不宣，继续向朝廷要兵、要饷。乾隆帝对此有所怀疑，一面宣诏起用岳钟琪，一面派大学士讷亲为经略前往支援。讷亲原本勤于国事，处事用心，思路敏捷，常常有些事与皇帝想到一起，因此很受乾隆帝信任。然而他一得宠，人就变了，自以为是皇亲，而且有才学，就骄横起来。这次身为监军，本应为皇帝分忧，与将士同心合力将贼兵剿灭，但他却自恃才高，蔑视张广泗。张广泗也瞧不起这样一个无军事才干的监军。由于二人不和，又中了莎罗奔弟弟的诈降计，两军相持半年毫无进展。

乾隆帝大怒，下旨将二人逮捕入狱。他命傅恒为经略，率八旗劲旅剿灭叛贼，又从黑龙江调来一支大军归傅恒指挥。乾隆帝亲自为其祝酒送行。傅恒与岳钟琪两军会合，以精锐之师进击叛贼，屡战屡胜，迫使莎罗奔投降。金川之战告捷，乾隆帝于京郊迎接凯旋大军，封傅恒为一等忠勇公，赐双眼花翎，并恢复岳钟琪的旧爵。

·读一读　查一查·

军机处

军机处的设立是清代中枢机构的重大变革，标志着清代君主集权发展到了顶点。军机处成立于雍正七年（1729年）（一说八年），军机处本为办理军机事务而设，但因它便于发挥君主专制独裁，所以一经出现，便被皇帝抓住不放，不但常设不废，而且其职权愈来愈大。

·读一读　悟一悟·

颜知州为了老百姓，不惜冒着被砍头的危险开仓放粮，挽救了很多受灾百姓的性命，是一个值得百姓爱戴的好官。

·小小资料库·

乾隆帝赏“举人”

乾隆帝为了能多了解一些民间实情，常常微服出行。一天，他来到西清古鉴馆查看。这西清古鉴馆乃是乾隆帝命梁诗正办的，是专为朝廷缮写文件的地方。乾隆到室内一看，只有一个人在伏案抄写。抄写者抬头一看，进来一人，不认识，马上站起来说：“相公请坐！”乾隆帝问：“怎么只有你一人在抄写？”抄写者说：“相公，今日是八月十三日，馆中人都去参加乡试了，故剩我一人。”乾隆帝问：“你为何不去呢？”抄写者说：“一旦朝廷有什么文件要抄写，馆中无人，岂不误了大事！所以我没去。”乾隆帝问其姓名、籍贯等，原来这个抄写者是常州杨瑞莲，是梁诗正的亲戚。

第二天，乾隆帝对梁诗正说：“梁爱卿，你亲戚杨瑞莲老实忠厚，字又写得好，却没去参加乡试，朕赏一个举人之位给他！”梁诗正一听，马上跪下磕头谢恩。

曹雪芹与《红楼梦》

故事导航

乾隆年间，出身世家的曹雪芹在家道败落后备尝人间冷暖，他历经艰辛，多次修改，写成了反映家庭遭遇的长篇小说《红楼梦》。这是我国最出色的长篇小说。

《红楼梦》是中国文学史上成就极高的长篇小说，它的作者是曹雪芹，续作者一般认为是高鹗。

曹雪芹（约1715—约1763年），名霑，字梦阮，号雪芹。其先世是满洲正白旗包衣，也就是皇室的家奴。这就形成了曹家特殊的社会地位：一方面是家奴，另一方面，与皇帝的关系非常密切。曹雪芹的曾祖母孙氏，做过康熙皇帝的乳母，所以康熙帝对曹家特别信任。1663年，清政府设置“江宁织造”，这是一个负责为皇家提供纺织物的衙门。曹雪芹的曾祖父曹玺始任江宁织造。由于康熙帝对曹家十分信任，曹家几代担任江宁织造，除负责织造工作之外，还有特殊的使命，即作为皇帝的心腹和耳目密切监视江南的情况，大到官吏、人民的动向，小到物价、气候的变化，一律直接密奏皇帝。曹雪芹的祖父曹寅做江宁织造时间最长，最受康熙帝信任。康熙帝六次南巡，有四次在江宁织造府驻留，并由曹寅接驾，这使得曹家门楣生辉。当时的曹家荣华富贵俱全，盛极江南。曹雪芹在《红楼梦》中描写的贾、史、王、薛四府，实际上就是曹家等封建豪门的化身。

曹寅是当时的名士，诗、词、戏曲样样精通，又是有名的藏书家，著名的《全唐诗》就是由他主持刻印的。这样的家族传统对培养曹雪芹的文学才能起了一定的作用。曹寅死后，曹颙（yóng）、曹頫（fǔ）先后承袭职位，曹雪芹就是曹頫之子。当时清朝宫廷内部斗争异常激烈，雍正初年，曹頫因“行为不端”等获罪落职，家产被抄。曹家被抄时，曹雪芹刚刚十几岁。少年时代的经历，对曹雪芹以后的创作产生了很大影响。

曹家被抄后，地位一落千丈。曹雪芹跟着全家迁居到北京。乾隆帝即位后，曹家的境况略有好转，但四五年后，一场重大的政治风波使曹家彻底败落了。曹雪芹从此由贵族公子沦为穷困的小市民。

曹雪芹经历了家势盛衰的巨变，备尝人间冷暖。后来，他流落到北京西山脚下，生活非常贫困。他住在一条“满径蓬蒿”的“僻巷”内，一家人常常靠喝粥果腹。有时，他想喝点酒也没有钱去买，只得向酒店赊账，还常常受到当权的富贵人家的“白眼”。曹雪芹身处厄境，却不事权贵。他心胸坦荡，喜酒健谈。曹雪芹就是在如此贫困的条件下，靠写文章、作画和行医度日的，这也使他有更多的机会与普通劳动者接触，拓宽了他的创作视野。

一年除夕，一个名叫于叔度的跛足贫民向曹雪芹诉苦：“我家已经断粮三天了，现在又是寒冬腊月，我是借贷无门哪！我的孩子整天拉着我的衣服，跪在我膝下，又冻又饿，哭叫不休。唉，我是求死无路哇！”曹雪芹对于叔度的悲惨遭遇深表同情，便和于叔度商量谋生的办法。于叔度告诉曹雪芹：“我见到有的贵公子买只风筝就拿出数十金来。我如果能做风筝去卖，倒可以养活我一家了。”多才多艺的曹雪芹就教于叔度扎风筝，解决了他的生计问题。后来，曹雪芹还写了一本《南鹞北鸢考工志》，专门介绍怎样绘扎风筝。他在这本书的序中说：“我写书的目的是给有残疾而生活无着的贫民一个谋生的机会！”

曹雪芹提笔写小说，立志要把自己对生活的独特感受、对人生的独特见解以及对社会时代的强烈批判表达出来。尽管他家经常断粮，但他仍然在作画出售、与人畅谈、访问疾苦的余暇，伏案疾书，夜以继日地写作《红楼梦》，以“披阅十载，增删五次”的艰辛劳动，终于完成了这部不朽之作。

乾隆二十七年（1762年），京师流行天花，曹雪芹非常宠爱的幼子因患天花而死。贫困交加的曹雪芹日夜思念儿子，经常痛哭，致使自己的病情也加重了。这一年的除夕，他终于“泪尽而逝”，离开了这个世界。他家里除了留下一个年轻的妻子和几束书稿外，再无其他。他的好友们凑了点钱才把他草草安葬了。

《红楼梦》原名《石头记》。曹雪芹在世时，该书已经以抄本流传。由于他仅写至八十回便去世了，所以仅有八十回流传。乾隆五十六年（1791年），高鹗等人把续写的后四十回和做了改动的前八十回合在一起，由程伟元以活版印行。于是世上才有了一百二十回的《红楼梦》。《红楼梦》在思想深度和艺术成就上达到的高度，在中国文学史上是罕见的。

《红楼梦》所描写的是贵族青年贾宝玉、林黛玉、薛宝钗的恋爱和婚姻悲剧。小说巨大的社会意义，在于它不是孤立地去描写这个爱情悲剧，而是以这个悲剧为中心，写出了当时具有代表性的贾、王、史、薛四大家族的兴衰。其中又以贾府为中心，揭露了封建社会后期的种种黑暗、罪恶及其不可克服的内在矛盾，对腐朽的封建统治阶级和行将崩溃的封建制度做了有力的批判。

正是由于这种伟大的价值，几百年来，《红楼梦》广为流传，并且形成了一个专门的研究领域——“红学”。

·读一读　查一查·

《南鹞北鸢考工志》

清曹雪芹撰写，成书于乾隆二十二年（1757年）。该书的内容有董邦达的序，曹雪芹自序，风筝扎、糊、绘、放的一般理论，彩绘风筝图谱，关于扎、绘风筝的歌诀等。书后还有敦敏的《瓶湖懋斋记盛》附录一篇。

·读一读　悟一悟·

曹雪芹家道败落后，在西山过着贫苦的日子，但是他襟怀坦荡，不事权贵，披阅十载，终于写成千古流传的长篇巨制《红楼梦》。这种可贵的精神值得我们学习。